JN215703

人事・労務担当者のための

最新版 労働法の

しくみ と 仕事 が

わかる本

弁護士
向井 蘭 —— 著
Mukai Ran

日本実業出版社

はじめに

　本書の初版を出版してから7年が経過しました。

　その間様々な時代の変化がありました。一番大きく変わったのは人手不足が深刻化したことです。7年前の執筆の時点ではむしろ人を減らす人員削減の話題を記載していましたが、全く様相が変わりました。むしろ、深刻な人手不足などを理由に退職したくてもなかなか退職することができないため、その需要に応えて「退職代行」サービスなるものが登場しました。

　また、以前よりもテレビや新聞、インターネットに毎日のように労働法もしくは労働関連のトラブルのニュースが頻繁に報道されるようになりました。ハラスメントを理由に企業や自治体のトップが辞任することも珍しくなくなり、労働問題は経営問題そのものに直結する時代になりました。現在ほど労使ともにあらゆる分野で労働法に関心が寄せられている時代はないのではないかと思います。

　労働法の知識については、スマホやパソコンで検索すれば無料で詳細な情報を得ることができるようになったからかもしれませんが、本書のように労働法そのものを解説する本についても出版数が最近は減ったように思います。

　しかし、それでも労働法の本を出版する意味はあると思います。

　法律は1つひとつは無機的なルールなのですが、実はそれぞれが特定の考えに基づいています。法律を学ぶということは、しくみを学ぶということでもあります。

　法律を学ぶ場合は、「なぜこのルールになっているのか」「このルールは他のルールとどのような関係にあるのか」を理解できると、色々な事案に直面しても自分なりの解釈や解決法を考えることができます。

　そのためには、インターネットで断片的な情報を検索するだけではなく、法律のしくみが書いてある本を読むのが一番早いと私は考えています。

★

　私は使用者側の労働事件に主に関与しており使用者側で労働事件を扱っています。

　「そんな規制があるとは知らなかった」

「どうしてこんな重要なことを誰も教えてくれないのか」

「日本の労働法はおかしいのではないか」

　私のもとに相談に来られる経営者や人事・労務の担当者の方から、そのような言葉が聞かれることが現在でも少なくはありません。人手不足と人口減少により日本経済が縮小する中で、深刻な労務トラブルはどの会社でも起こりうる時代になりました。

　むしろ、現代はインターネットとスマホの普及により、経営者よりも従業員のほうが労働法をよく知っているケースが増えてきており、1つの労務トラブルに適切に対応できなかったがために、裁判所に舞台が移り、会社の経営が傾くほどの大ダメージを受けるケースが少なくありません。

　労働法は、労働者の権利を守るために、長い年月をかけて整備されてきた労働のルールだといえます。しかし、本書を手にとっていただいた企業の人事・労務担当者の方や経営者の方にとっては労働法ほど「現場感覚」とかけ離れている法律もありません。そのため、どうしても「現場感覚」で判断してしまって対応が後手に回り、法律のしくみにもとづいた労働基準監督署や裁判所の判断に驚いてしまうのです。そこで本書では、難しい法律用語や各々の法律の詳しい解説は省き、労働法のしくみがわかるような内容に致しました。労働法のしくみを理解していれば、「何をしてよいのか」「何をしてはいけないのか」「これを実施すると何かが起きるかもしれない」等判断することができるようになるはずです。

　本書では、2012年に発行した初版にはなかったハラスメント問題と働き方改革法について新しく執筆致しました。その他7年前と時代背景が異なる部分についても修正・加筆をしております。

　本書が、少しでも労務トラブルの予防・解決のお役に立てれば幸いです。

　最後に、本書の出版にあたっては、日本実業出版社の編集部のみなさんにアドバイスとご助力をいただきました。この場を借りてお礼申し上げます。

2019年3月　向井　蘭

※本書は2019（平成31）年2月1日現在の法令に基づいています。

CONTENTS

◉第3章　求人・採用・内定・試用期間の法律と注意点

◉第6章　人事異動のやり方

◉第7章　懲戒・解雇の際の注意点

◉第8章　休職・メンタルヘルス不全について

<略語>

- 働き方改革法……働き方改革を推進するための関係法律の整備に関する法律
- 労働時間等設定改善法……労働時間等の設定の改善に関する特別措置法
- 労働者派遣法……労働者派遣事業の適正な運営の確保及び派遣労働者の保護等に関する法律
- パート・有期法……短時間労働者及び有期雇用労働者の雇用管理の改善等に関する法律
- 男女雇用機会均等法……雇用の分野における男女の均等な機会及び待遇の確保等に関する法律
- 障害者雇用促進法……障害者の雇用の促進等に関する法律
- 労働施策総合推進法……労働施策の総合的な推進並びに労働者の雇用の安定及び職業生活の充実等に関する法律
- 同一労働同一賃金ガイドライン……短時間・有期雇用労働者及び派遣労働者に対する不合理な待遇の禁止等に関する指針
- 労働時間把握のためのガイドライン……労働時間の適正な把握のために使用者が講ずべき措置に関するガイドライン

BookDesign ヤマダマコト
黒田陽子
[shiki design office]

Illustration カワチ・レン

第1章

会社にとっての労働法とは

1　使用者の権利を正しく理解するために

❶ そもそも「労働法」という法律はない

　　まず、労働法の全体像を知る際の大前提として押さえておいていただきたいのは、そもそも「労働法」という名前の法律はないということです。

　　労働法とは、「労働基準法」「労働契約法」「労働組合法」「労働安全衛生法」「労働者派遣事業の適正な運営の確保及び派遣労働者の保護等に関する法律（労働者派遣法）」など、数々の法律の"総称"として、世間一般で使われている名称です。

❷ 労働法は大きく3分割して理解する

　　労働法を簡潔に定義すると、①雇用マーケット、②個別労働関係、③集団労働関係の3つを規制し、調整する法律だといえます。

　　「雇用マーケット」は求人・求職などにかかわることを、「個別労働関係」は個々の労働者と使用者との間の雇用契約などの関係を、「集団労働関係」は労働組合と使用者との間の関係を指しており、労働法は、この3つの枠組を軸に成り立っていると理解してください。

労働法の3つの役割

労働法		
雇用マーケット	個別労働関係	集団労働関係
職業安定法 雇用保険法 労働者派遣法 男女雇用機会均等法 障害者雇用促進法 など	労働基準法 労働契約法 労働安全衛生法 など	労働組合法 労働関係調整法 など

　また労働法に対しては、行政当局による通達が出されることがあります。通達とは、労働法そのものではなく、役所内部における法律の解釈文書のようなものです。

　ただし、労働基準監督署などの行政の実務は、この通達にもとづいてなされるので、事実上法律と同じような効力をもちます。

　使用者として労働法を正しく理解するためには、労働法そのものだけでなく、通達も合わせてチェックする必要があるのだと覚えておいてください。

❸「労働者」と「使用者」を正しく理解しよう

　なに気なく労働者と使用者と書いていますが、この言葉の本来の意味を正確につかんでおくことが、実はかなり重要です。両者の関係を正しく理解することが、労働法を把握するための大きな柱となるからです。

　一般的な言葉に置き換えるなら、「使用者＝会社（または個人事業主）」、「労働者＝そこで働く従業員」ということになるからです。

　労働者とは、使用者に使用される者であり、かつ賃金を支払われる者のこと、一方、使用者とは、通常、労働者を使用する法人や人を指す言葉です。

　厳密に言えば、労働基準法と労働組合法で両者の定義は異なるのですが、ここでは「使用者とは、労働者を使用する法人や個人を指し、両者は賃金の支払いを介した関係である」という点を理解していただければ充分です。

❹ 使用者の権利を制限する労働法

　使用者側の立場から労働法と向き合わなければならないみなさんは、ぜひ"正しいイメージ"をもって、労働法をとらえてください。

　使用者としての権利や地位に対して誤ったイメージをもってしまっているために、権利を行使できるところで自主的に抑制したり、やってはいけないことをしてしまったり、労使紛争に発展してしまうケースが、多数見受けられるからです。

　少々直接的な言い方になりますが、使用者は、後に詳しく解説するように、労働者に賃金を支払うことで労働力を「買い取っている」状態であるため、

労働者を「自由に使用することができる」と考えられます。

　かつて、実際に使用者が女性や年少の労働者を酷使した結果、健康を害してしまうような例が後を絶たなかった時代もありました。

　しかし、言うまでもなく、労働者はモノではありません。労働者である前に、その人権が保護されなければなりません。そこで、国がいわゆる労働法を制定し、使用者の権利を制限することにしたのです。つまり、「使用者としての本来の権利や地位に制限をかけるものが労働法である」と言えるのです。

　労働法は、実は多くの面で使用者としての権利や地位を尊重しています。しかし、前出のように、労働法の分野は多岐にわたっており、判例や通達なども多数に及ぶため、使用者としての本来の権利や地位を正確に理解することが困難になってきていることから、多くの誤解が生まれているのだと思います。

　そこで本書では、使用者としての本来の権利や地位を理解したうえで、労働法がどんな形で使用者の権利に制限をかけているか、みなさんがどのように日々の実務に取り組むべきかを、具体的にみていきたいと思います。

❺ 労働基準法と労働契約法のあらまし

　本書には労働基準法と労働契約法という法律が頻繁に登場します。本論に入る前に、この2つの法律が生まれた経緯とその概要を簡単につかんでおきましょう。

(1)労働基準法は工場労働者を保護するために生まれた

　紡績業等が盛んになった明治時代後半、工場ではたくさんの人が働くようになりました。当時は、国が労働関係に口を出すこともなく、使用者と労働者の関係を規制する法律はありませんでした。

　しかし、過酷な工場労働などによる健康被害、労働者の搾取が相次ぎ、明治44年に工場法が成立します。工場法は、女性や年少者の就業制限や安全衛生に関する規定を設け、労働者の保護を図ったものでした。

　そして第二次世界大戦後、昭和22年に工場法の内容を大幅に変更し、現在の労働基準法が制定されました。労働基準法は、賃金、労働時間、

休日、休憩などに関する使用者の権利を厳しく規制しています。

　労働基準法を使用者に守らせることが、労働基準監督署の重要な役割の1つです。労働基準法を守らない場合は罰則が科される場合もあります。

　また労働基準法は、一定の事柄について、使用者が労働基準法を守らない場合には労働基準法の内容をそのまま雇用契約の内容とするという特別な効力を有しています。

　たとえば、ある会社が、労働者と1週間48時間働くことを内容とした雇用契約を結んだとしても、現在の労働基準法は1週間当たり40時間労働を原則としているので、その雇用契約も40時間労働に修正されます。

(2)労働契約に関するルールを定めた労働契約法

　労働基準法は、賃金、労働時間、休日、休憩などについてのルールを定めていますが、解雇、懲戒、出向、賃金の減額など、労働条件の変更方法については規定していません。

　そこで戦後、労働条件の変更に関する裁判例が積み重ねられ、事実上のルールができあがったため、これらを法律としてまとめたのが、2007（平成19）年に制定された労働契約法です。労働契約法に違反した場合、労働基準法に違反した場合と異なり罰則はありません。労働契約法に違反しているかどうかは、当事者に争いがある場合、裁判所の判断に委ねられることになります。

2 会社にとっての雇用契約とは

❶ 使用者は労働力を「買い取って」いる

　新入社員が入社すると、会社との間で雇用契約を交わすことになります。雇用契約とは、労働者が労務を提供し、使用者はその対価として賃金を支払うことを約束するものです。会社が労働者(社員)の労働力を「買い取る」というところに、その本質があるという点において、売買契約に似ています。

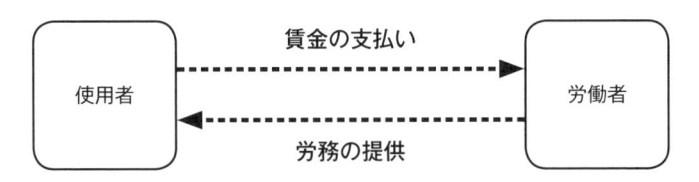

使用者は労働力を「買い取って」いる

❷ 賃金について厳しく規制している

　モノの売買契約の場合であれば、買い主が売買代金を支払わなかったことに対して、それが詐欺などの犯罪に当たらない限りは、刑事罰を科されることはありません。

　しかし、労働者は賃金により生計を立てているわけですから、使用者が賃金を支払わなければ途端に生活が行き詰まります。そのため、労働法(労働基準法第117条以下)では、賃金を支払わない使用者に対して、刑事罰を科すことを定めています。つまり、給料を払わないことは、犯罪なのです。

　また、あまり知られていないことですが、賃金を削減することについて、労働法はとても厳しく規制しています。

　雇用契約は、モノの売買契約と異なり、数十年にわたって使用者と労働者が契約を続けていくことになるわけですが、その間、会社の業績が

苦しくなったとしても、勝手に賃金を減額することは禁じられています。

労働法(労働契約法第9条)では、原則として労働者個人が同意した場合に賃金を減額するなどの労働条件の不利益な変更をすることができると定めています(例外として、労働者の同意が得られなくとも、就業規則を変更して、その変更が合理的なものである場合にのみ賃金を削減することを認めています)。

日本の裁判所は使用者に非常に厳しくこの規制を運用しており、一度決めた賃金を下げることを容易には認めません。第7章の解雇規制と並んで、もしくはそれ以上に厳しい規制であるといえます。

❸ 雇用契約と所有権の関係

雇用契約において、使用者が労働力を買い取った結果得られる権利は「所有権」の概念に当てはめると理解しやすくなります。所有権は売買契約などにより得られる権利で、使用、収益、処分に分けることができます。

土地を買い取るという行為を例にすると、「使用」とは、土地に家を建てて住むというように、文字どおり自ら使用することをいいます。「収益」は、買い取った土地を駐車場として他人に使用させ、その対価として賃料を得るなどの行為を、「処分」はその土地を他人に売ることなどを指します。

この所有権を、雇用契約において得られる使用者の権利に当てはめてみると、次のように考えることができます。

雇用契約のイメージ

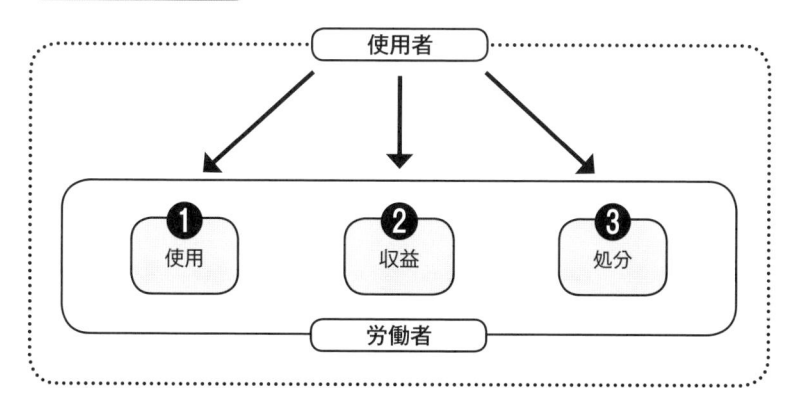

①労働者を使用する

たとえば、ある運送会社がAさんを管理職として雇ったとします。会社は、Aさんがなかなか運転手をうまく統率できなかった場合にAさんを別の事業所へ配置転換したり、管理職ではなく運転手として働いてもらうといったことが可能です。

また、Aさんに部下との言い争いが絶えず、部下が次々に退職するようなことがあれば、運送会社はAさんに注意指導ができますし、場合によっては懲戒処分を行なうこともできます。

このように使用者は、雇用契約により労働力を買い取っているため、原則として労働力をさまざまな用途で使用する権利や、労働力としての質を高めるために注意指導する権利が認められています。

②労働者で収益を得る

たとえば派遣会社は、自社で派遣社員を雇用し、他の会社に使用させ、派遣契約にもとづいて派遣料金を得ています。

つまり、買い取った労働力を他に使用させて利益を得ているわけですから、所有権における収益と似ているといえます。

③労働者を処分する

あまり知られていないことですが、民法上（労働法上ではありません）、期間の定めのない雇用契約については、自由に解約することができます。

たとえば①の勤務態度が不良なAさんに対して、Aさんとの雇用契約を解約し、関連会社に出向させたり、転籍させるといったことができます。雇用契約を解約できるという点において、使用者は買い取った労働力を「処分」することが可能なわけです（※民法第627条第1項）。

民法第627条第1項
当事者が雇用の期間を定めなかったときは、各当事者は、いつでも解約の申入れをすることができる

　以上のように、雇用契約は所有権に似た性格があります。ただし、所有権の概念がそのまま当てはまるわけではありません。先に述べたとおり、労働法および民法の一部の条文によって、使用者はさまざまな制約を受けることになります。

3 使用者の権利に縛りをかける労働法

　前項で、使用者の権利を所有権になぞらえましたが、当然ながら、使用者の思うように、無制約に労働者を働かせることができるわけではありません。それをより明確に理解するために、所有権における「使用」「収益」「処分」に当てはめて、労働法がどのように使用者の権利を制限しているかをみていきましょう。

❶ 「使用」に関する規制

　たとえば、自動車を購入した場合、その自動車に1日何時間乗ろうと、当然ながら何の問題もありません。しかし、健康上の問題から、労働者を1日中使用することは現実的ではありませんので、労働基準法は、原則として1日の労働時間を8時間、1週間の労働時間を40時間と制限しています。これを法定労働時間といいます。この法定労働時間を超えて労働させる場合には、労働者の過半数を代表する者と労使協定を結ばなければならないとされています。

　配置転換についても、法律の明文はないものの、転勤に業務上の必要性がない場合や、業務上の必要性があっても不当な動機・目的をもって転勤命令が行なわれた場合は、使用者の権利の濫用として無効となるという判断がなされています[※]。

　また、勤務態度が不良である場合でも、使用者が好き勝手に懲戒処分をすることが許されているわけではありません。これは、労働契約法に明確に定められています。

> 【労働契約法 第15条】使用者が労働者を懲戒することができる場合において、当該懲戒が、当該懲戒に係る労働者の行為の性質及び態様その他の事情に照らして、客観的に合理的な理由を欠き、社会通念上相当であると認められない場合は、その権利を濫用したものとして、当該懲戒は、無効とする

※　東亜ペイント事件　昭和61.7.14最高裁判決

❷ 「収益」に関する規制

　前項で例にあげた派遣契約については、買い取った労働力を他に使用させることで、強制労働や中間搾取の温床となったり、使用者責任が不明確となることがあったため、職業安定法は昭和22年の制定以来これを包括的に禁止してきました。

　しかし、昭和60年に人材不足などの解消を理由に、労働者派遣法が制定され、特定の業務について派遣を行なうことを解禁しました。その後も規制緩和が続き、平成15年の改正によって、製造業についても労働者派遣をすることができるようになっています。現在は時間制限はあるものの、以前のような業種制限がなくなっています。

❸ 「処分」に関する規制

　前項で登場してもらった運送会社のAさんが、ある日突然、転籍を命じられたとしましょう。使用者による前ぶれなき変更は、労働条件などの面で不利益がもたらす可能性があります。そのため民法では、使用者は、労働者の承諾を得なければその権利を第三者に譲り渡すことができないと定めています（民法第625条第1項）。つまり、社員を他の会社に転籍させることについては、社員の同意が必要になるのです。

　また、次項で説明しますが、労働契約法において、客観的に合理的な理由を欠き、社会通念上相当であると認められない場合は、労働者を解雇することはできないと定めています。このように、労働者の人権や歴史的な事実などを考慮し、現実的な対応策として、労働法が使用者の権利に制限をかけているのがわかります。

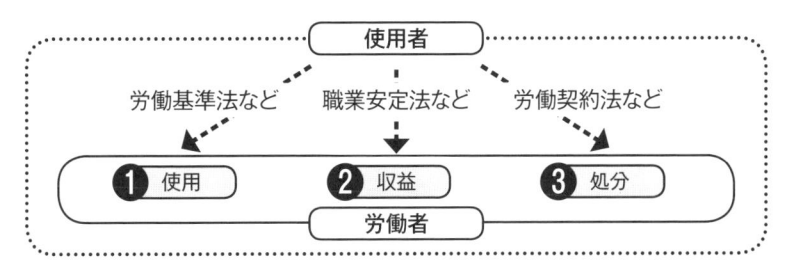

労働法が使用者の権利に制限をかけている

4 労働法の規制には 強弱がつけられている

❶ 異常なまでに厳しい日本の解雇規制

　経営者や人事・労務担当者によく理解しておいていただきたいのは、日本の労働法では、「解雇」というものを異常なまでに厳しく規制しているという点です。わが国では、本人に働く意思がある限り、法的に有効な解雇をするのはほぼ不可能だと考えておいてよいくらいです。

　アメリカをはじめとした多くの欧米社会では、会社はあくまでもその人の「能力」を買っているという意識が強いため、能力のない人に対しては、容易に解雇することが可能です。一方、日本の場合は、能力よりも、その人の持つ労働力全体を買い取ったという意識が強いので、簡単に解雇とせず、会社がその人を育てて使わなければならないという解釈が一般的なのです。

　どちらの社会がよいとは一概に言えませんが、日本では、一度人を雇った以上、たとえ能力がなくとも、その人を教育して「使える」ように努力する義務が使用者側にあることだけは、肝に銘じておきましょう（第7章参照）。

❷ 解雇以外の緩やかな労働法の規制

　解雇規制を念頭に労働法全体を俯瞰してみると、解雇以外の規制にははっきりと強弱がつけられていることがわかります。

　たとえば、解雇が厳しく規制されていることで、世代交代が図れず、人員のローテーションが上手く回らないという問題が出てきます。そのバランスをとるため、配置転換は使用者の権限で行なうことができますし、退職勧奨に関しても、裁判所の判断は比較的緩やかです。

　また、繁忙期などで「一時的な人手不足」が起こる業種でも、一度正規雇用してしまうと、差し迫った必要がなくなった時に解雇できないという問題が起こります。やはり、そのバランスをとるため、「期間雇用」や「残業」に関する規制も、比較的緩やかに設定されています。

　さらに、解雇できないとなれば必然的に起きる「余剰人員」の問題をクリ

アするため、採用や定年に関する規制も、比較的緩やかなものです。

　具体的に言えば、採用に関しては、男女雇用機会均等法のように「チャンスの平等」を求める法律はあっても、障害者雇用を除けば、「結果の平等」までを求める法律はありません（第3章参照）。定年に関しても、見方によっては明らかな年齢差別に当たりますが（現に、アメリカの多くの州では40歳以上の定年制度はありません）、日本の法律ではそれを咎めてはいないのです（第10章参照）。

　これらはみな、厳しい解雇規制とのバランスをとるための措置だと考えられます。ここが、労働法を理解するための"キモ"だといえます。

解雇規制とその他の規制に関する使用者の権限

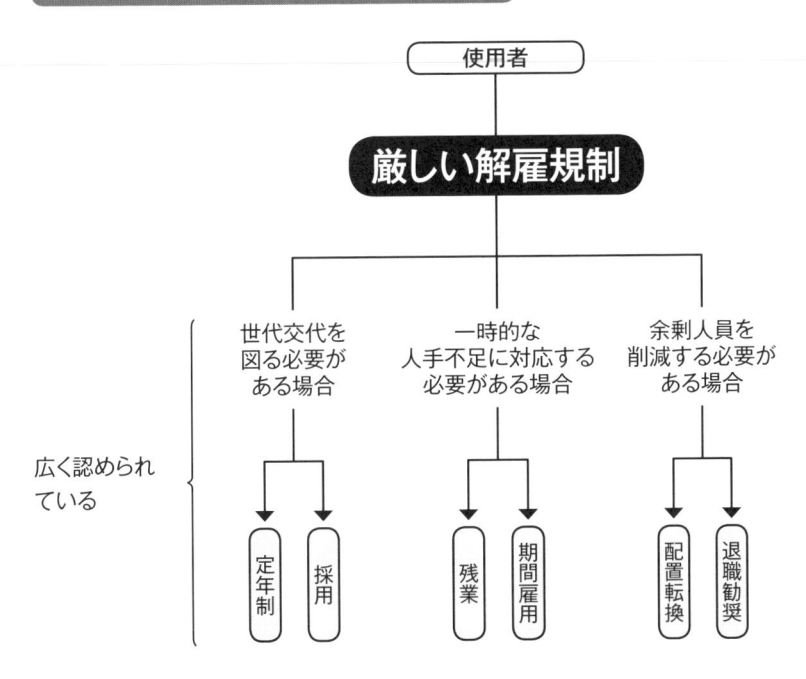

❸ 長期間雇用が前提とされている

　つまり、わが国の労働法では、労働者をさまざまな職種、部署、事業所で働かせたり、法定労働時間を超えて残業を命じることなどについては（2018［平成30］年の労働基準法の改正により罰則付きの時間外労働の上限が定められたものの）、それほど厳しく規制していないということです。

　たとえば、20年以上アナウンサー業に従事してきた社員に対して会社が配置転換を命じ、その効力が争われた裁判がありましたが、これは結論として、会社側の主張が認められました。つまり、20年以上務めた社員に対する配置転換も有効だというわけです。

　この事例は、会社がアナウンサーに限定して雇用したわけではないと認定されたため、配転命令が有効と判断されたものです。

　裁判所がなかなか職種限定雇用契約を認めようとしない理由がここにあります。つまり、解雇規制が厳しい日本では、長期間雇用が前提となっているため、特定の職種に限定して雇用した場合、それ以外の職種への配置転換が認められなくなります。すると、職種自体がなくなったり、社員が適性を欠くような場合に、容易に解雇が認められてしまうことになるため、それを防ぐ意味合いがあると考えられるのです。

❹ 労働法の規制に明確な判断基準はない

　労働法の規制を細かくみていくと、実はその判断基準は曖昧であることがわかります。たとえば、解雇の場合、「客観的に合理的な理由を欠き、社会通念上相当であると認められない場合」は無効となりますが、「客観的に合理的な理由」とは具体的にどのような場合を指すのか、ハッキリしません。

　ほかにも、労働者の同意を得ずに就業規則を変更して賃金を削減する場合は、就業規則の変更が合理的なものであることが必要となりますが、「合理的」とは果たして何を指しているのか、判然としないのです。

　具体例でみてみましょう。定年を55歳から60歳まで延長した会社がありました。この会社で、いままで58歳まで働いて得ていた賃金を、60歳まで働かなければ得ることができないように賃金を引き下げる旨、就業規則を変更したところ、従業員は、この就業規則の変更は無効であると訴え

たのです。

このとき最高裁判所は、会社側の合理性を認め、賃金の引下げを有効と判断しました[※1]。

一方、55歳以上の従業員の賃金を、経営不振を理由に引き下げたことの是非が問われた事案では、大多数の従業員が組織する労働組合が会社側の決定に同意していたものの、最高裁判所は賃金引下げを無効と判断したのです[※2]。

このように、どのような場合に「合理的な理由」となるのか、事前に予測することは困難であり、結局のところ、最終的には裁判所が個別具体的に判断して、結論を下すことになります。事前にどのような場合に解雇が有効となり、無効となるのかを明確に法律に定めてあればよいのですが、そのような定めはないわけです。

この規制の曖昧さが、労使紛争を引き起こす原因の1つとなっています。使用者としては、あいまいな労働法の規制については、専門家の意見を参考にするなどして、無用な紛争が起こらないように備えなければなりません。

※1 第四銀行事件 平成9.2.28 最高裁判決
※2 みちのく銀行事件 平成12.9.7 最高裁判決

5 労働基準監督署と裁判所の守備範囲

　具体的な実務にまつわる事柄については第3章で1つひとつ解説していきますが、その前に、労働法に違反した場合の取締りはどの機関が行なうのかということについて簡単に触れておきましょう。

❶ 労働基準監督署は「労働基準法」を取り締まる

　労働基準監督署は、「労働基準法」を守らない使用者に対して、行政指導をしたり、悪質な使用者を検察庁に送検するなどの権限が与えられている行政機関です。

　たとえば、先に述べたとおり、解雇問題はトラブルになりやすく、解雇が有効か無効か争われることがよくあります。筆者のところにも、「『不当解雇なので、労働基準監督署に申告する』と言われたがどうしたらよいか」という相談が、しばしば寄せられます。

　労働基準監督署が解雇の有効・無効を決めることはできません。不当解雇が有効であるか否かは「労働契約法」にかかわる問題であり、その是非を判断するのは裁判所です（ただし、労働基準法で定めた予告手当を支払わない解雇については、労働基準監督署が行政指導を行なうことになります）。

　つまり、個別の労働契約に関するトラブルは裁判所が扱い、解雇予告手当の支払いなど、労働法にあらかじめ行政官庁がかかわることを予定した規制がある場合には、労働基準監督署が行政指導をすることになります。

❷ 裁判所の取り扱う分野は広い

　近年、社員が会社に未払残業代の請求をする例が後を絶ちません。

　一般的に、会社が残業代を支払わなかった場合、社員はまず労働基準監督署に申し出ることが多いようです。果たして、労働基準監督署は

会社に対し支払いを命ずることができるのでしょうか。

　これについては、国会議員による労働基準監督機関の役割に関する質問に対して、政府が以下のとおりに答弁しています。

> 「現在、労働基準監督官が、労働基準法上、同法に違反して支払われていない賃金の支払を命ずる権限を有していないことは、昭和62年当時と同様である」
>
> （内閣衆質176第103号　平成22年11月9日）

　つまり、労働基準監督署は、労働基準法に違反している会社があったとしても、賃金の支払いを強制的に命ずることはできないのです。この場合も、裁判所のみが、労働時間と未払賃金額を認定して、支払いを命じることになります。

　このように、使用者が労働法に違反した場合の取り締まりについては、行政官庁と裁判所で「棲み分け」があるということを把握しておきましょう。

使用者が労働法に違反した場合の取締機関

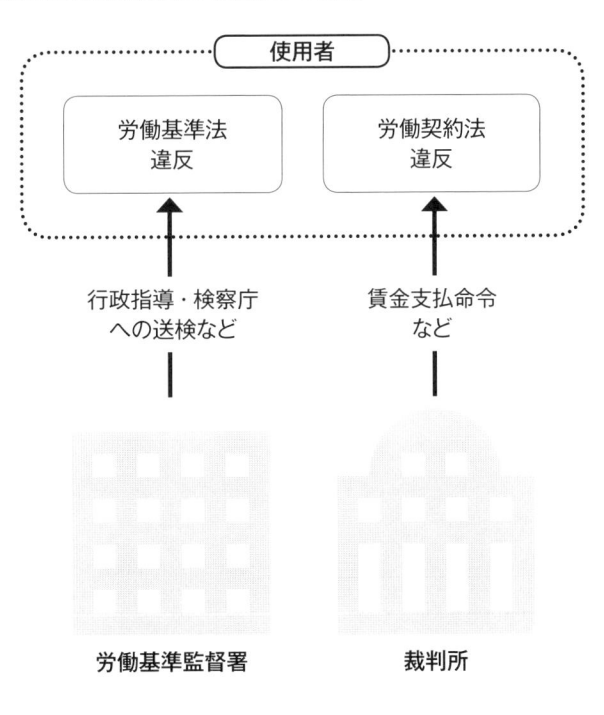

社員が労基署に駆け込んだ段階で
気をつけること

　社員が労基署に駆け込むと、多くの経営者は慌ててしまうでしょう。仕方のないことです。とはいえ、労働基準監督署の役割を十分に理解しておけば、むやみに不安を抱く必要はなくなります。

　ポイントは、労働基準監督署を、文字どおり労働基準法などの行政法が遵守されているかを監督するポジションだと理解することです。あくまでも「監督する立場」にあるだけで、たとえば解雇の有効・無効を判断したり、未払残業代の支払いを命じるなどの強制力は有していません。

　ただし、労基署の指導を無視して、悪質だと判断された場合は、検察庁に書類送検されるケースがあります。起訴されるかどうかは別問題ですが、書類送検されたというニュースが業界内に流れると、取引先の不安をあおりますし、地方によっては公共事業の入札に参加できなくなったりする場合もあるため、労基署を恐れるのも無理はありません。

　しかし、社員が労基署に駆け込んだということは、問題解決のチャンスでもあります。

　とくに解雇問題の場合、早期解決をはかることが重要です。解雇問題は長引けば長引くほど深刻になりますし、お金がかかります。会社側に一定の金額を支払う用意があるなら、このタイミングでその社員と交渉して早期決着をはかるべきなのです。

　放置して、社員が弁護士に相談したり、労働組合に駆け込んだりすると、たとえば2か月分の給料を支払えば解決していたであろう問題が、結果的に半年分や1年分の給料を支払わないといけなくなる場合があります。

第2章

働き方改革で
何が変わるのか

1 働き方改革の全体像を理解する

❶ 働き方改革とは何か

　本章では「働き方改革法」が実務に与える影響についてみていきたいと思います。一番大切なのは、この改革が意図するところを正確に理解することです。的外れな準備をしていては、刻々と迫る施行期日に、実務的に間に合わなくなる可能性もあるからです。

　まずは働き方改革の全体像を理解しましょう。大枠では「労働時間関係」と「同一労働同一賃金関係」の2つに分かれます。

「働き方改革」の全体像

		法律
1. 働き方改革の基本理念	雇用対策法（労働施策総合推進法[1]）	
2. 労働時間	労働基準法	時間外労働の上限規制
		上限規制の猶予措置の廃止（自動車運転、建設業等）
		年休5日取得義務化 高プロ創設 フレックスタイム制の清算期間延長
		中小企業における月60時間超の時間外労働の割増賃金率を50%以上とすることの猶予措置の廃止
	労働時間等設定改善法	勤務時間インターバル制度の努力義務化
3. 労働者の健康確保	労働安全衛生法	医師の面接指導制度の拡充 産業医・産業保健機能の強化
4. 同一労働同一賃金	パート・有期法[2]・労働契約法（パートタイム労働者・有期契約労働者）	
	労働者派遣法（派遣労働者）	

※1 正式名称は、「労働施策の総合的な推進並びに労働者の雇用の安定及び職業生活の充実等に関する法律」です。

※2 正式名称は、「短時間労働者及び有期雇用労働者の雇用管理の改善などに関する法律」です。

労働時間関係で押さえておきたい重要なポイントは、日本の労基法史上初めて「労働時間の罰則付きの上限」という概念が導入されたこと。また、労働時間と「健康確保」が強く紐づけられたことが実務に与える影響はかなり大きいと思います。

一方、同一労働同一賃金関係で押さえておくべき最大のポイントは、有期雇用従業員に対する「均衡・均等」待遇が導入されたことです。詳しくは後述しますが、いずれも日本の中小企業が不得意としてきた分野に切り込んだ改革であると言わざるを得ません。

❷ 働き方改革が必要とされる社会的背景

ところで、この働き方改革で、国は何を変えようとしているのでしょう？

ともすると、長時間労働による過労死をなくすため、もしくは働き過ぎと揶揄される日本人のライフワークバランスを改善するためといった理解をさ

大企業	中小企業
公布日施行	
2019年4月1日	2020年4月1日
2024年4月1日	
2019年4月1日	
－	2023年4月1日
2019年4月1日	
2019年4月1日	
2020年4月1日	2021年4月1日
2020年4月1日	

中小企業とは

①資本金の額または出資金の総額

小売業	5,000万円以下
サービス業	
卸売業	1億円以下
これら以外	3億円以下

②常時使用する労働者数

小売業	50人以下
サービス業	100人以下
卸売業	
これら以外	300人以下

注1)上記の①または②のどちらかを満たせば中小企業です。

注2)個人事業主や医療法人など資本金や出資金の概念がない場合は、②の労働者数で判断します。

れがちですが、国の主たる目的は「国力の維持」にあります。

　ごくシンプルに考えると、豊かな社会をつくるためには「労働者人口の増加」が必須です。給与所得者は税金や年金を払いますし、消費によって国の経済を回してくれる中心的な存在だからです。

　これまでの日本の労働社会は、正社員・男性・フルタイム・全国転勤可・長時間労働・年功序列・終身雇用というようなキーワードで成り立ってきましたが、少子高齢化が進む今日、これらのキーワードに当てはまるコア労働者は絶対的に不足しています。独立行政法人労働政策研究・研修機構が公表した「平成27年　労働力需要の推計」は、明らかな男性現役世代の減少を予想しています。

　つまり、これからの日本の労働社会が求めるのは"真逆"の人たちだということです。非正規（有期）雇用・女性・パートタイマー・地域限定勤務・在宅勤務・中途入社・高齢者・外国人など、これまで脇役だった人たちにも積極的に働いてもらう必要があるわけです。もっと言えば、日本という国家が繁栄していくためには「もうそれしかない」というのが国の本音であり、働き方改革はそのための労働環境の整備であると理解すると、自ずとやるべきことが明確になるのではないでしょうか。

労働社会の変化

正社員・男性・フルタイム・全国転勤可・
長時間労働・年功序列・終身雇用が中心の雇用社会

非正規雇用の増加・正社員との待遇格差が問題

労働力不足が深刻化・国力減退の危険

働き方改革により、非正規（有期）雇用・女性・パートタイマー・
地域限定勤務・在宅勤務・中途入社・高齢者・外国人の方の
待遇を底上げし、雇用社会により参加しやすくする

❸ 労働基準法はどう変わったのか

　それでは、働き方改革でそれぞれの法律がどう変わったのかをざっくり
と掴んでいきたいと思います。まずは、今回の目玉である労働基準法改
正のポイントです。

（1）罰則付き時間外労働上限規制

　働き方改革実行計画において、労働基準法70年の歴史の中で歴史
的な大改革であるとされた根拠は、この「罰則付き時間外労働上限規制」
の導入にあります。これまで「月45時間、年360時間」という時間外限度
基準は、法的強制力も罰則もない単なる告示でしたが、それがいよいよ
法律に格上げとなり義務化されたわけです。当然、違反した使用者に
は罰則が課せられます。

（2）特別な事情がある場合の臨時的措置

　一時的な業務量の増加などやむを得ない事情がある場合でも、労働
時間の延長は、以下の上限規制を死守する必要があります。

長時間労働の上限規制

① 時間外労働は年720時間以内

② 時間外・休日労働は月100時間未満

③ 2か月ないし6か月における期間の時間外・休日労働の平均は
　80時間以内

④ 時間外労働が月45時間を超える特例の適用は年6回以内

（3）中小企業の割増賃金率の見直し

　中小企業における「月60時間を超える時間外労働の割増賃金50%以
上」の適用猶予措置は、2022年4月1日に廃止となります。いよいよ中小
企業も大企業と肩を並べ、生産性をシビアに追求しなければ生き残れな
い時代になるのです。

(4)年次有給休暇の取得義務

管理監督者・パートタイム労働者を含め、年次有給休暇付与日数が10日以上である労働者を対象に、年5日以上の年次有給休暇を会社主導で取得させることが義務化されました。こちらについても罰則があります。

(5)フレックスタイム制の清算期間の延長

これまで1か月だったフレックスタイム制の清算期間の上限が、2019年4月から3か月に延長されました。

(6)高度プロフェッショナル制度の創設

過去に「残業代ゼロ法案」などと批判され、国会審議入りすらできないでいた「高度プロフェッショナル制度」がついに日の目を見ました。

高度の専門性を持ち、時間と成果の関連性が強くない業務に従事する労働者について、労働時間、休憩、休日及び深夜の割増賃金に関する規定を適用除外とするこの制度は、日本の労働社会に一石を投じるものではありますが、今のところ「年収1075万円を参考に」「金融商品の開発業務等の特定の職種」を対象にしていることから(今後厚生労働省令で定めます)、中小企業での対象者はそう多くないと思われます。

なお、「労働時間等設定改善法」の改正もありましたが、こちらについては努力義務に留められていますので、ここでは「前日の終業時刻と翌日の始業時刻との間に、一定時間の休息(勤務間インターバル)の確保に努めなければならない」とされているということだけを押さえておいていただければ結構です。

❹ 労働安全衛生法はどう変わったのか

(1)長時間労働者に対する健康確保措置の改正

先にも触れたとおり、今回の働き方改革では「労働時間と健康確保を強く紐づけたしくみをどうつくるか」ということが重要なポイントです。具体的には、管理監督者を含めた一般労働者の時間外・休日労働時間が月80時間を超え、かつ労働者から申出があった場合、医師の面接指導

が義務化されました（2019年3月末までは100時間超かつ申出ありが条件です）。

　また、これまで規定のなかった研究開発業務に関わる労働者についても、月100時間超の場合は申出にかかわらず罰則付きで義務化され、月80時間超かつ申出ありの場合でも罰則なしで義務化されるという、かなりシビアな法改正となっています。

(2)産業医・産業保健機能の強化

　今回の改革では、産業医の活動環境や職務の質も問われるようになり、産業医は医学に関する知識に基づき、労働者の健康管理をサポートすることを強く求められています。しかし、これは「お医者様に任せておけば安心」ということではなく、使用者側の産業医に対する情報提供があってこそ、実現することなのです。

　具体的には「時間外・休日労働が月80時間を超えた労働者の氏名および労働時間は産業医に情報提供すること」が義務化されたわけですが、50名を超える規模の会社がこれを実務レベルに落とし込むのは、かなり大変なことではないでしょうか。

　しかし、この情報提供義務を怠っていた会社で過労死問題などが起きてしまった場合、その会社の責任を厳しく追及されるのはもちろんのこと、社会的信用まで失いかねません。それくらい会社経営において重要な課題なのです。この部分については、後ほど書式も含めて補足したいと思います。

❺ 「同一労働同一賃金」をどう理解すべきか

(1)導入の背景を今一度理解する

　上記の労働時間関係と並んだ働き方改革の2本目の柱が「同一労働同一賃金」です。文字どおり「同じ仕事をする労働者は同じ賃金を保障されるべきである」という論理ですが、今回の施行はあくまで「正規雇用者と非正規雇用者（有期雇用者、派遣社員）」の間の話であり、古参の社員と若手社員といった正社員同士の賃金格差は法的問題となりません。

　そういった意味では「"日本版"同一労働同一賃金」であり、グローバ

ル社会の基準とは違うのだということを押さえておきましょう。というのも、日本には独特の労働社会が形成されおり、言わば「就"職"」というより「就"社"」に近く、たとえその人の能力に多少の問題があっても、配置転換等も試しながら社内の教育で一人前に育て上げようとする会社が多かったと思います（もちろん、解雇規制の問題もありますが…）。

　しかし、前述のように日本の労働市場もダイバーシティ化し、多様な人材を積極的に活用していかない限り明るい未来はありません。そのためには、使用者は個々の労働者の技能や職能を、なるべく公平に「買い取る」しくみを持つ必要があるのです。この働き方改革によって、従来の日本型雇用のスタイルは終焉に向かうと言っても過言ではありません。

(2)均等・均衡待遇

　日本型同一労働同一賃金を理解するためには、「均等」と「均衡」というキーワードを押さえておくことです。念のため、言葉の意味から説明しますが、均等は「＝（イコール）」、秤がぴったりと釣り合った状態を指します。一方、均衡は「≒（ニアリーイコール）」、秤がどちらか一方に傾き切らない程度のバランスを取る、といった意味です。

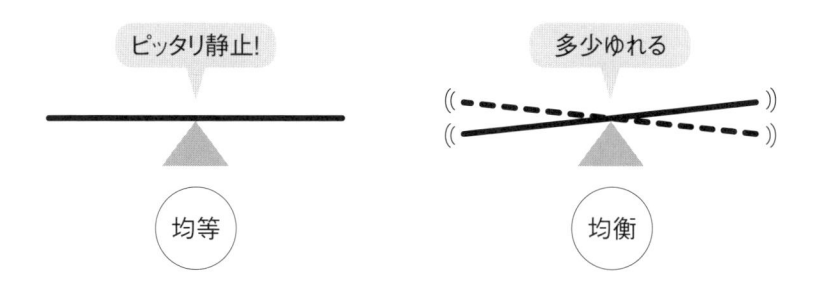

　法的に問題とされるのは、「バランスが取れているか」「そこに不公平感はないか」ということで、条文中では「不合理な待遇差の禁止」と表現されています。

　たとえば、これまで正社員には通勤定期代が支給されている会社で、有期雇用者の交通費には「1日500円まで」という上限が設けられていたとします。新たに募集し、正社員と同等の仕事を担当してもらおうとする場合、採用面接時に「なぜ私の交通費には制限があるのですか？」と質問されたら、その理由を答えなくてはなりません。会社は、おそらく納得のいく説明はできないと思います。説明するとしても「正社員とは別だから」とか「正社員の場合は家が遠い人もいるから」等曖昧な答えしかできないはずです。このような場合は、不合理な待遇差に当たるとして違法となってしまうのです。

新設された均等・均衡規定

	パート社員	有期契約社員	派遣社員		無期転換後のフルタイム社員
差別的扱いの禁止（均等規定）	あり	あり	あり	労使協定を結べば均等・均衡規定を除外する規定もあり	なし
不合理な処遇の相違の禁止（均衡規定）	あり	あり	あり		なし

（注）　□の部分が新設規定

2 時間外労働の上限規制を どう守るか

❶「月45時間×年6回」の壁は意外と薄い!?

　ここからは、労働基準法の改正ポイントをクリアしていくための実務のコツについて説明しますが、まずはみなさんに、時間外労働の上限規制を死守するということがどのくらい大変なことなのかを実感していただこうと思います。

> **時間外労働の上限規制**
>
> ① 時間外労働は年720時間以内
>
> ② 時間外・休日労働は月100時間未満
>
> ③ 2か月ないし6か月における期間の時間外・休日労働の平均は80時間以内
>
> ④ 時間外労働が月45時間を超える特例の適用は年6回以内

　さて、問題です。下図は、ある会社の社員の時間外労働時間と法定休日労働時間を半年分グラフにしたものですが、この労働時間に法的な問題はあるでしょうか。

この労働時間のどこが違法か（1）

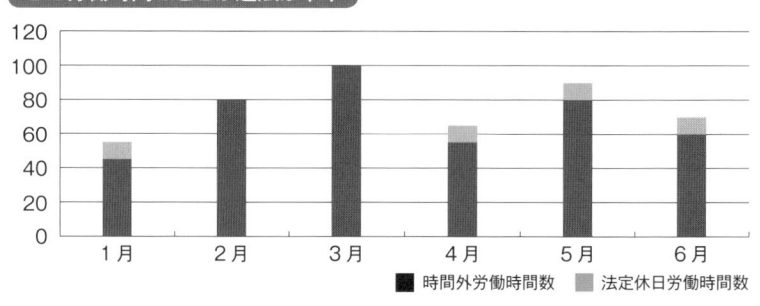

一見すると大きな問題はなさそうですが、表計算ソフトを使って平均値

を出すと、下表でアミがかかっている3月から6月の各月は平均残業時間が80時間を超えており、すべて違法であることがわかります。

２か月から６か月の平均時間外・休日労働時間数（１）

	時間外労働時間数	法定休日労働時間数	合計	2か月平均	3か月平均	4か月平均	5か月平均	6か月平均	2か月平均上限	3か月平均上限	4か月平均上限	5か月平均上限	6か月平均上限	80時間規制を守るための最低時間外＋法定休日労働時間	1か月45時間以内の残り達成義務月数	年間720時間規制の残時間数	年間720時間規制達成のための平均時間労働数
1月	45	10	55												5	675	61
2月	80	0	80	67.5					105					105	5	595	60
3月	100	0	100	90	78.33				80	105				80	5	495	55
4月	55	10	65	82.5	81.67	75			60	60	85			60	5	440	55
5月	80	10	90	77.5	85	83.75	78		95	75	75	100		75	5	360	51
6月	60	10	70	80	75	81.25	81	76.67	70	85	65	65	90	65	5	300	50

　上表からは、毎月の時間外労働時間数、法定休日労働時間数、2か月から6か月の時間外労働時間数・法定休日労働時間数の平均時間数、2か月から6か月の平均時間数の上限規制（80時間）を守るための上限時間数等がわかります。

　では、次の図はどうでしょう？

この労働時間のどこが違法か（２）

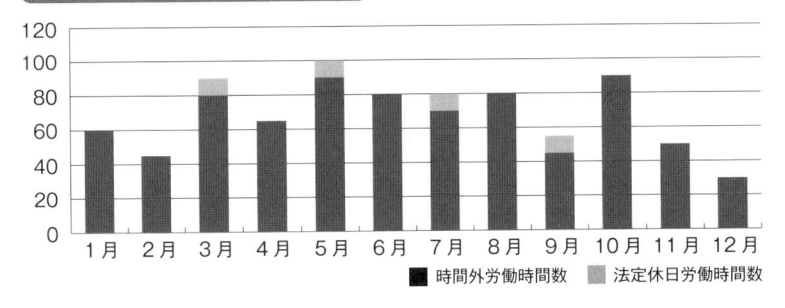

凡例：■ 時間外労働時間数　　■ 法定休日労働時間数

同じく表計算ソフトを使って解析してみると、下表のとおりです。

２か月から６か月の平均時間外・休日労働時間数（２）

	時間外労働時間数	法定休日労働時間数	合計	2か月平均	3か月平均	4か月平均	5か月平均	6か月平均	2か月平均上限	3か月平均上限	4か月平均上限	5か月平均上限	6か月平均上限	80時間規制を守るための最低時間外法定休日労働時間	1か月45時間以内の残り達成義務月数	年間720時間規制の残時間数	年間720時間規制達成のための平均時間労働数
1月	60	0	60												6	660	60
2月	45	0	45	52.5					100					100	5	615	62
3月	80	10	90	67.5	65				115	135				115	5	535	59
4月	65	0	65	77.5	66.67	65			70	105	125			70	5	470	59
5月	90	10	100	82.5	85	75	72		95	85	120	140		85	5	380	54
6月	80	0	80	90	81.67	83.75	76	73.33	60	75	65	100	120	60	5	300	50
7月	70	10	80	80	86.67	81.25	83	76.67	60	60	75	65	100	60	5	230	46
8月	80	0	80	80	80	85	81	82.5	80	80	60	75	65	60	5	150	38
9月	45	10	55	67.5	71.67	73.75	79	76.67	80	80	80	60	75	60	4	105	35
10月	90	0	90	72.5	75	76.25	77	80.83	105	105	105	105	85	85	4	15	8
11月	50	0	50	70	65	68.75	71	72.5	70	95	95	95	95	70	4	−35	−35
12月	30	0	30	40	56.67	56.25	61	64.167	110	100	125	125	125	100	3	−65	

　5月、6月、7月、8月、10月の平均残業時間が80時間を超えていると同時に、年間の時間外労働時間数720時間の規制にも違反していることがわかります。さらに、月の時間外労働時間数を45時間以内に収める月を年6回は確保しないといけないわけですが、10月頃になって気づいても「時すでに遅し」となりかねません。

　法を守るためには、感覚ではなく、計画的に労働時間を管理する必要があり、私個人的には、中小企業がこの規制を守るのは、かなり難しいことではないかと感じています。

❷ 労働時間上限規制の問題点

（1）法定休日労働の時間や回数に上限規制なし!?

　さらに、質問を続けます。次の事例は違法でしょうか。

この労働時間のどこが違法か（3）

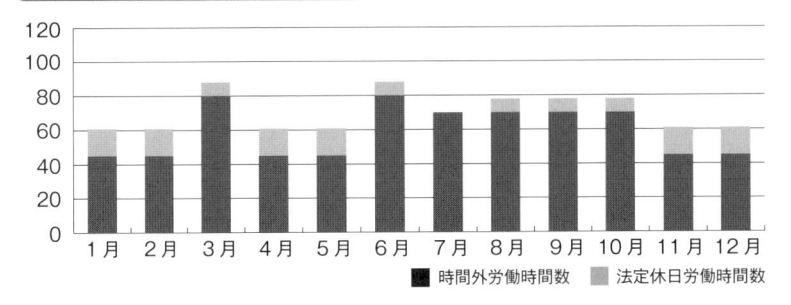

凡例: ■ 時間外労働時間数　■ 法定休日労働時間数

実はこの事例はすべて適法です。一見、長時間労働が続いているようですが「法定休日労働」をうまく使っているため違法となりません。「月45時間×6回」の壁も、「年間720時間」の壁も、すべてクリアしているのです。

2か月から6か月の平均時間外・休日労働時間数（3）

	時間外労働時間数	法定休日労働時間数	合計	2か月平均	3か月平均	4か月平均	5か月平均	6か月平均	2か月平均上限	3か月平均上限	4か月平均上限	5か月平均上限	6か月平均上限	80時間規制を守るための最低時間外法定休日労働時間	1か月45時間以内の残り達成義務月数	年間720時間規制の残り時間数	年間720時間規制達成のための平均時間外労働時間数
1月	45	16	61												5	675	61
2月	45	16	61	61					99					99	4	630	63
3月	80	8	88	74.5	70				99	118				99	4	550	61
4月	45	16	61	74.5	70	67.75			72	91	110			72	3	505	63
5月	45	16	61	61	70	67.75	66.4		99	91	110	129		91	2	460	66
6月	80	8	88	74.5	70	74.5	71.8	70	99	118	110	129	148	99	2	380	63
7月	70	0	70	79	73	70	73.6	71.5	72	91	110	102	121	72	2	310	62
8月	70	8	78	74	78.67	74.25	71.6	74.33	90	82	101	120	112	82	2	240	60
9月	70	8	78	78	75.33	78.5	75	72.67	82	92	84	103	122	82	2	170	57
10月	70	8	78	78	78	76	78.4	75.5	82	84	94	86	105	82	2	100	50
11月	45	16	61	69.5	72.33	73.75	73	75.5	82	84	86	96	88	82	1	55	55
12月	45	16	61	61	66.67	69.5	71.2	71	99	101	103	105	115	99	0	10	

　今回の法改正で私が理解に苦しむ点でもあるのですが、「月45時間×6回」にも「年間720時間」にも、「法定休日労働時間」は含まれていないのです。ということは、年間カレンダーを定める際、忙しくなりそうな時期には、あらかじめ法定休日にも働いてもらうことを前提に、休日を設定する企業も出てくるのではないでしょうか。さらに、日曜日と水曜日を"逆振替"し、水曜日に法定休日割増賃金を払って働いてもらうなどという、本末転倒なことが起きないとも限りません。

　また、法定休日労働を合わせれば、最大で「月80時間×12＝年間960時間」の時間外労働が可能になるのだという事実も見逃せません。

(2)管理監督者は適用除外

　「法定休日労働」の件と併せて私が問題視しているのは、この規制に関して「管理監督者」が相変わらずの適用除外である、という点です。時間外労働規制で部下に仕事を任せられない分、自分がハードに働くしかないわけで、「社内で働き方改革を推進したら、管理監督者で血尿が出る人が続出した」などという噂が漏れ聞こえてくるほどです。

　まさに「管理監督者受難の時代」到来なのです。そう考えると、今後は管理職への昇進を拒む人も増えてくるのではないでしょうか。出世を諦めれば生涯賃金も減りますし、自己成長を望まない労働者が増えるとも考えられます。果たしてこれが「国力の維持」に繋がるのか…いささか疑問を残すところです。

❸ 時間外労働の上限規制を守るための経営課題

(1)テレワークの導入

　今回の法改正を遵守するために、会社としてどう取り組んでいくべきか、さらに考えていきたいと思います。これはもう担当者レベルの問題ではなく、重大な「経営課題」であると認識してください。

　ひとつ目は「テレワーク」導入の検討です。今回あまり話題になってはいないようですが、「情報通信技術を利用した事業場外勤務の適切な導入及び実施のためのガイドライン」が出され、政府もテレワークの積極的な活用を進めています。事業場外みなし労働時間制の適用は比較的容易で

すから、労働時間削減のために、在宅勤務を命じるのもひとつの方法ではないでしょうか。ただし "濫用" は禁物です。「ブラックテレワーク」なる造語など生まれないよう、十分に注意したいものです。

(2) アナログ型タイムカードの限界

テレワークの問題とも絡め、従来のような紙のタイムカードによるアナログ型の勤怠管理には、まもなく限界が来ると思います。先ほど事例として挙げたように、月毎の平均値の算出や年間集計のチェックなど、規制を守るためには、緻密な作業を可能な限り迅速に行なう必要が出てきます。今後は、小規模の会社であっても、クラウド型の勤怠管理ソフト等の導入が必須になるのではないでしょうか。

(3) 安全配慮義務とのバランス

働き方改革は法律を守るために行なうものではありません。守るべきものは労働者の健全な心身であり、安心・安全な職場環境をつくることが法改正の主眼なのです。元来、日本人は真面目な国民ですが、「真面目になる場所を間違えないでください」と、私は声を大にしたいと思います。できないことはできない、無理なものは無理なのです。法を守るために数字を改ざんするなど、もってのほか。弁護士らしからぬ発言かもしれませんが、今月どうしても残業が110時間を超えてしまった人がいたとしたら、代わりに有給を取ってもらうなど、労働者の体と心のケアに配慮することのほうが、法令遵守よりも、よほど大切なことではないでしょうか。

❹ 働き方改革が年次有給休暇に与える影響

(1) 有給休暇管理簿の義務化

「有給休暇制度」は労働者の権利ではあるものの、これまでその権利を行使しやすいような制度や規制の導入は行なわれておらず、私は労働組合やユニオンとの団体交渉の現場で、その事実を痛感してきました。

労働者側は、せめて自分の有給の残日数を教えてほしい、できれば毎月の給与明細に記載してほしいと長年思ってきたわけですが、使用者側にその義務はありませんでした。

　しかし今回の法改正で、その流れが大きく変わろうとしています。使用者に「有給休暇管理簿」の作成が義務付けられたのです。また、有給の使用に関して「使用者による5日間の時季指定」が設けられ、年次有給休暇が10日以上である労働者を対象に、年5日以上の年次有給休暇を会社主導で取得させることも義務化されました。

20xx年度 有給休暇管理簿

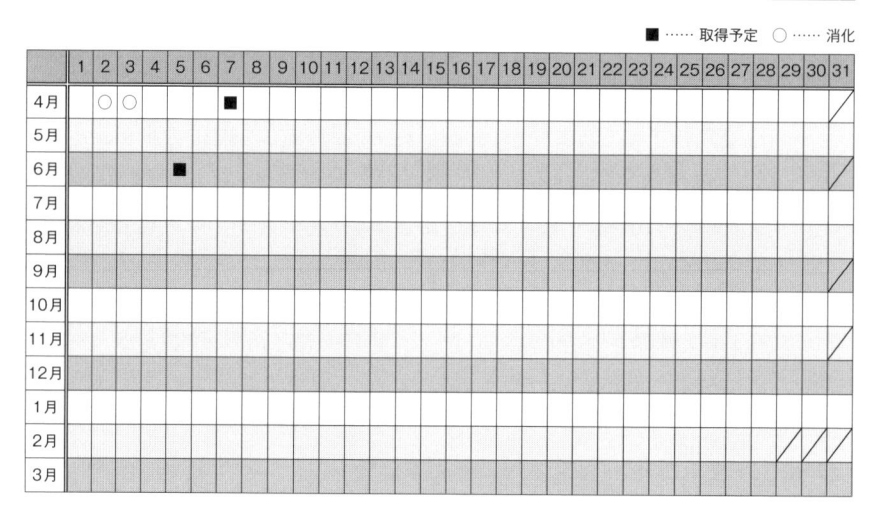

社員No.	所属	社員名	有効日数				使用日数											
			繰越分	本年度	取得予定	残日数	4月	5月	6月	7月	8月	9月	10月	11月	12月	1月	2月	3月
1	法務	ムカイラン	10	10	3	18	2	0	0	0	0	0	0	0	0	0	0	0

■ …… 取得予定　○ …… 消化

(2)有給消化率と採用

　というのも、近年「有給休暇が取れない」というのは、主要な離職理由になっているからです。また新卒採用の現場では、「有給消化率」というワードが非常に重要視されています。実は私の事務所で採用活動を行なった際も、求人広告に「有給消化率86%」と入れたとたん、急激に応募が増えたという経験があります。近い将来、「有給消化率100%」が当たり前という世の中になるかもしれません。

　また、優秀な若者であればあるほど、会社の業績よりも、自分にとって快適な職場環境であるかどうかを気にします。有給休暇も満足に取れない場合、なかなか人が来ない時代なのだということを、くれぐれも肝に銘じてください。

3 同一労働同一賃金ガイドラインを どう守るか

❶ 同一労働同一賃金関連法を理解する

　　それでは、今回の働き方改革のもう一方の柱である「同一労働同一賃金」関連法の改正が実務に及ぼす影響についてみていきたいと思います。ちなみに、「同一労働同一賃金法」という新な法律が施行されるわけではなく、従来の「労働契約法第20条」と「パートタイム労働法」が統合され、短時間労働者及び有期雇用労働者の雇用管理の改善等に関する法律（以下、「パート・有期法」といいます）ができました。大企業については2020年4月から、中小企業は2021年4月から施行されます。

> [労働契約法（第20条）]不合理な条件の禁止
>
> ▼
>
> [パート・有期法（第8条）]＝均衡
> ①職務内容 ②異動の範囲 ③その他の事情を個々の待遇ごとに考慮して不合理な待遇差は違法とする
> [パート・有期法（第9条）]＝均等
> ①②いずれも同一の場合、待遇の差別的取扱いは違法

❷ 同一労働同一賃金ガイドラインをどう読むか

　　政府は、2018（平成30）年12月28日、同一労働同一賃金ガイドライン（正式名称は「短時間・有期雇用労働者及び派遣労働者に対する不合理な待遇の禁止等に関する指針」。以下「ガイドライン」といいます）を発表しました。法律でも通達ですらないのですが、その後の裁判例に強い影響力を発揮しています。

　　紙面の都合上内容についてすべて触れることはできませんが、ガイドラインの特徴は以下のとおりにまとめることができます。

●ストック型賃金

　ストック型賃金とは、年々積み上がる形で成り立つ賃金項目です。基本給や退職金がこれに当てはまります。このガイドラインでは、基本給にも言及していますが、基本給は年功、物価、同業他社の賃金、会社業績、個人の能力・評価等を勘案して決定されることが多く、非常に複雑な要素から構成されているものです。そのため、実務上基本給について、ガイドラインを基に相違が不合理であるかどうか判断することは容易ではなく、各種訴訟でも基本給を問題にしている事案はごく一部です。ストック型賃金については、現状維持にならざるを得ないと思います。

●フロー型賃金

　フロー型賃金とは、毎年その都度洗い替えで（過去の蓄積を前提とせずゼロから）決める賃金項目です。賞与がこれに当てはまります。

　賞与の決定方法も複雑で、単純に業績や個人の能力や評価で決まることは少なく、住宅ローンのボーナス払い等もあるため生活給的な側面もあり、一定水準は維持しないといけないといった暗黙の了解がある会社もあります。そのため、賞与についても同一労働同一賃金を基に相違が不合理であることを判断することは容易ではありません。ところが、同一労働同一賃金ガイドラインでは、「＜問題となる例＞」として「賞与について、会社の業績等への労働者の貢献に応じて支給しているA社においては、通常の労働者には職務の内容や会社の業績等への貢献等にかかわらず全員に何らかの賞与を支給しているが、短時間・有期雇用労働者には支給していない。」との記載があります。正社員全員に賞与を支払っている場合は、有期雇用労働者についても何らかの賞与を支払えとの内容です。法的にこの論点をどのように処理するかは未知数なのですが、賞与の不支給は違法となる可能性があります。有期雇用労働者にも賞与を支払わないといけない時代になりつつあるのです。

●職務関連賃金項目

　ガイドラインには、精皆勤手当や役職手当等の職務に関連する賃金項目が挙がっています。

　職務に関する手当については、今後同一の職務に従事している有期雇用労働者がいるにもかかわらず、正社員のみに支払うことは不合理であり違法であると判断される可能性が高いでしょう。

　同一労働同一賃金の目的は、手当を中心に賃金全体を各社で労使が話し合ったうえで見直してもらい、より職務や能力を中心に賃金を支払う賃金体系へと変化させることにあります。ガイドラインの「目的」の中にも「今後、各事業主が職務の内容や職務に必要な能力等の内容の明確化及びその公正な評価を実施し、それに基づく待遇の体系を、労使の話合いにより、可能な限り速やかに、かつ、計画的に構築していくことが望ましい。」との記載があります。そのため、職務関連賃金項目については、有期雇用労働者についても支払わないといけない場面が増えてくると思われます。

●職務非関連賃金項目
　ガイドラインには「食事手当」「通勤手当」等の職務非関連賃金項目が挙がっており、この職務非関連賃金項目について厳しく判断しています。

日本版同一労働同一賃金の政府の狙い

ストック型賃金項目 （年々積み上がる 賃金項目）	●「基本給」 ●永年の蓄積があり早期に解決することは不可能。基本給のうち、職業経験・能力や業績・成果の部分を分けることがそもそも難しい。
フロー型賃金項目 （毎年洗い替えの 賃金項目）	●「賞与」 ●毎年変更するものであり、改革しやすい。特に有期雇用への不支給を止めさせることは十分可能。
職務関連賃金項目	●「危険手当」「精勤手当」「役職手当」 ●職務や能力との関連性が強い手当は、正社員と同一の職務を担当している有期雇用に同じように支払えといいやすい。
職務非関連賃金項目	●「食事手当」「通勤手当」「結婚休暇」「リフレッシュ休暇」 ●職務や能力に関連しない手当なので、非正規雇用への支給を求めやすい。

たとえば、食事手当については「短時間・有期雇用労働者にも、通常の労働者と同一の食事手当を支給しなければならない。」と記載し、同一の職務等の要件を記載していません。そこからは「仕事が全く異なっていても同じように支払ってください」というメッセージが読み取れます。「住宅手当」や「家族手当」について記載はありませんが、日本郵便東京地裁判決、同大阪地裁判決では住宅手当や家族手当について正社員（住宅手当については転勤可能性のない正社員）にのみ支払うことは不合理であると判断しています。

そうなると、職務非関連賃金項目を廃止して別の賃金項目を作るか、正社員以外の有期雇用労働者についても何らかの形で支払うなどの対策を講じることが必要となります。

ガイドラインは、このように賃金体系全体を変革することを求める内容になっています。

❸ 労働者への説明義務をどう果たすか

これまでの社会では、雇用形態の違いによる待遇格差は、非正規雇用者の良識に甘えてきたようなところがありました。「あの人は正社員だから仕方ない」という諦めも伴い、大きな問題に発展することは少なかったと思いますが、よくよく考えれば、身分が安定しない立場の人の給料が安く、なおかつ待遇も悪いというのは、おかしな話でもあるわけです。

しかし、これからの世の中では、こうした「市場原理」に反した処遇は認められなくなっていくでしょう。つまり、勤続年数や年齢など一切関係なく「職務と能力」で処遇体系全体が構築されるようになり、非正規雇用者に“説明できない”正社員だけの手当や福利厚生などは、あってはならない社会になるのです。もっと言えば、スキルの高い再雇用者が現役時代より高い給料をもらえるような社会になるかもしれません。

パート・有期法第14条では、短時間労働者と有期雇用労働者の雇い入れ時に、事業主に課せられている6つの項目について、どのような措置を採っているか、労働者に説明することが求められています。

その項目は、①職務の内容、転勤など配置の変更範囲、その他の事情を考慮して不合理と認められる待遇の禁止（均衡待遇）、②職務の内

容と、転勤など配置の変更範囲が同じ場合は処遇を同一にする差別的取扱いの禁止（均等待遇）、③賃金、④教育訓練の実施、⑤福利厚生施設の利用機会の付与、⑥通常の労働者への転換となります。

従来のパートタイム労働法においても、②～⑥についての説明義務はありましたが、適用対象が短時間労働者のみでした。特に、均等待遇を定めた②は、仕事の範囲が限定されており、転勤がない多くの短時間労働者には関係のない規制でした。

今回の改正で、短時間労働者のみならず有期雇用労働者まで適用対象が広がったうえ、均衡待遇を求めた①が新たに説明義務に加えられました。この規定は、必ずしも仕事の範囲や転勤の有無が正社員と同一でなくても問題になるため、多くの企業が対応を迫られることになります。

説明というと口頭で行なう場合が多いと思うかもしれませんが、法的に説明したことを証明する必要があるため、雇い入れ通知書や雇用契約書に説明義務となっている事項について記載することになります。裁判で争うことになった際、説明内容が文書で残っていなければ、「説明をしなかった」「説明できるような内容でなかった」と判断されますし、文書が残っていても説明が合理的なものでなければ、その内容が厳しく批判される可能性が残ります。

したがって、有期雇用労働者や短時間労働者について、正社員との待遇格差を設ける場合には、合理的な説明を文書に残しておくことが重要になります。たとえば、正社員にのみ賞与、特殊作業手当、精勤手当を支払うとすれば、①会社の人件費が限られていること、②転勤の負担などがある正社員人材の確保・定着を図る必要があること、③期間雇用従業員については時給など賃金全体で調整していること、④その他、均衡待遇を図る努力をしていることなどを文書で説明するのです。

これまでは、トラブルになってから(元)従業員が企業に対して、理由の説明を求めることが多く、企業が待遇格差について説明をしなければならない場面はごく限られたものでした。しかし、今回の法改正により、正社員と非正規社員との格差について、企業が自発的に説明をしなければならない時代が到来することになりました。

❹ 派遣会社への情報提供について

　正規雇用者と非正規雇用者の待遇格差をなくすためには、派遣元の会社へ、あらかじめ自社の正社員の給料を明示する必要があるわけですが、現実問題としては、なかなかハードルの高い制度だと思います。人材派遣会社としても、クライアント企業に情報提供は求めづらいという部分もあり、実際には「労使協定による一定水準を満たす待遇決定方式の場合は適用除外」が一般的な対応になると思います。

「労使協定」の書式例

労使協定

株式会社AとA従業員代表Bは以下の通り、労働者派遣事業の適正な運営の確保及び派遣労働者の保護等に関する法律第三十条の四に基づく労使協定を締結する。

① 派遣労働者の賃金決定方法について
　　派遣労働者が従事する業務と同種の業務に従事する一般労働者の平均的な賃金額として厚生労働省令で定めるものと同等以上の賃金額となるようにし、派遣労働者の職務内容、成果、意欲、能力又は経験等の向上があった場合に賃金が改善されるようにする

② 派遣労働者の職務内容、成果、意欲、能力又は経験等を公正に評価して賃金を決定する

③ 派遣元の通常の労働者との間に不合理な相違がない待遇(賃金を除く)とする
　　・ 詳細について○○年○月○日付賃金規則の通り

④ 派遣労働者に対して段階的・体系的な教育訓練を実施する
　　・ 現在外部に委託している○教育訓練制度を希望者に対し今後も継続する

○○年○月○日

株式会社A代表取締役C ㊞
株式会社A従業員代表B ㊞

❺ 産業医への情報提供義務をどう果たすか

　先にも触れたように、今回の法改正で「時間外・休日労働が月80時間を超えた労働者の氏名および労働時間は産業医に情報提供すること」が義務化されたわけですが、こちらについても、書式の一例を次ページにご紹介しておきます。

❻ 意識を変えられない会社は倒産する!?

　以上、大まかな説明ではありましたが、あらためて「働き方改革」の全体像を俯瞰し、どうお感じでしょうか。私は現実問題として、中小企業がこのハードルを越えるのは至難の業ではないかと感じています。労働時間を短くしたうえで、同等もしくは今以上の成果を上げるには、優秀な人材を雇い入れるしかないからです。

　ご存じのとおり、現在の労働市場は完全に売り手優位で、待遇の悪い会社に応募してくる人は皆無と言っていいほどです。人を増やせないのであれば、残された道は商品や仕事の単価を上げるか、割に合わない仕事はキッパリ断るか……つまり、これはもう労働問題というより、経営の問題なのです。働き方改革に直面した今、経営者が意識を変えられない会社は倒産の危機をも免れない時代が来るでしょう。そのくらいの気概を持って、社内の実務改革に取り組む必要があります。

産業医に対する通知書

○○○○クリニック
○○○○先生

○○年 ○月 ○日
○○○○株式会社
総務課長　○○○○

　以下の通り、労働安全衛生法○条にもとづき、○○年○月の時間外労働・法定休日労働が80時間を超えた従業員について通知致します。

従業員の労働時間について

従業員情報

従業員名	従業員名を入力	従業員 ID	従業員 ID を入力
部署	部署を入力	役職	役職があれば役職を入力

○○年○月の勤務状況

	始業時刻	終業時刻	休憩時間	労働時間	法定外労働時間	法定休日労働時間
○月○日						
○月○日						
○月○日						
○月○日						
○月○日						
○月○日						
○月○日						
○月○日						
○月○日						
○月○日						
○月○日						
合計						

既に講じた健康診断実施後の措置、長時間労働者に対する面談指導実施後の措置若しくは労働者の心理的な負担の程度を把握するための検査の結果に基づく面接指導実施後の措置又は講じようとするこれらの措置の内容に関する情報（これらの措置を講じない場合にあっては、その旨及びその理由）

来月（○月）は連続して有給休暇を取得できるよう関係部署と調整中である

懸念事項

column

「働き方改革」は「値上げ」と
「断ること」にかかっている

　政府が掲げる働き方改革の成果を上げるため、企業は、会議削減、早朝勤務や在宅勤務の実施などにより、生産性向上に取り組んでいます。しかし、従業員１人当たりの利益を増やし、真の働き方改革の実現に必要なのは、「値上げ」と「断ること」なのです。どちらも、経営者の力量が試されるものなので、「働き方改革」は好まれていません。

　「値上げ」は、人件費が上がれば避けて通れないはずですが、長引くデフレ経済に慣れてしまっていると勇気が必要です。しかし、この「値上げ」から経営者は逃げることはできません。形式的な「値上げ」をしなくとも、価格は据え置きつつサービス内容を変更する、量を減らす等の提案をする場合もあるかと思います。これも立派な「値上げ」です。「値上げ」は経営者しかできない決断です。

　「断ること」もまた、経営者にしかできません。これまでは顧客との長期的な関係を見据えて、収益の低い仕事でも「断る」ことができなかったと思います。しかし、長時間労働を前提とせず高収益を実現するためには収益の低い仕事は特段の事情がない限り断らないといけなくなります。依頼を「断る」という決断が如何に辛いものかは経営者のみなさんはご存知と思います。中小法律事務所の経営者である私もよくわかります。それでも、要求が細かい割に利益の出ない仕事、納期までが短いのに利益のほとんど出ない仕事、強い立場を利用して徹底的に値引きを要求してくる顧客の仕事、挙げればきりがありませんが、経営者がこれらを断らないと働き方改革はままならないのです。

　現在の安倍政権は明言していませんが、私は働き方改革を実行できないような生産性の低い企業は市場から退出してもらって構わない、というメッセージだと考えています。経営者の力量が試されているのです。

第3章

求人・採用・内定・試用期間の 法律と注意点

1 　採用活動の基本的な考え方

❶ 誰をどのような条件で雇うかは会社の自由

　　近年、健康診断を行なわずに社員を採用し、その後、重大な健康上の問題が発覚してトラブルになる事例が見受けられます。とりわけ、個人情報の保護に関する法律（個人情報保護法）が施行された2005年以降、社員の健康状態などの調査に対して、必要以上に慎重になる会社が増えています。

　　しかし、日本の労働法は、求人・採用については会社に広い裁量を与えています。憲法第22条によって保障されている「営業の自由」などによって「いつ、誰を、どのような条件で雇うか」は会社の自由だとされているため、社員を雇ううえで必要な「調査」を行なうことも、原則として認められています。

　　ただし、この採用における自由も、無制限に認められるわけではありません。第3章では、求人・採用に関する人事担当者としての注意点を詳しくみていきますが、どうすれば労働法に違反せずに、適切な人材を採用することができるのか、そのポイントを中心に解説していきましょう。

❷ 労働法は「機会の平等」を求めている

　　たとえば、雇用の分野における男女の均等な機会及び待遇の確保等に関する法律（男女雇用機会均等法）は、使用者に性別を理由とした募集・採用差別を禁止しています。具体的には、募集・採用に当たって身長・体重・体力要件をつけること、コース別雇用制の総合職の募集・採用に当たって、転居を伴う転勤要件をつけることなどを禁止しています。

　　そのほか障害者雇用については、障害者の雇用の促進等に関する法律（障害者雇用促進法）が事業主に対して一定比率以上の障害者雇用を義務づけていますし、雇用対策法（2018年7月に「労働施策の総合的な推進並びに労働者の雇用の安定及び職業生活の充実等に関する法律」という名称に変更。以下「労働施策総合推進法」といいます）は、募集・

採用についての年齢にかかわりなく雇用の機会を与えるように求めています。また、労働組合法は労働組合から脱退することを雇用条件とすることを禁止しています。

　こうしてみると、規制にがんじがらめにされているような印象を受けるかもしれませんが、注意しておきたいのは、障害者雇用促進法を除いたほとんどの労働法は「機会の平等」を求めているのであって、「結果の平等」を強いるものではないのです。

　男女雇用機会均等法には、「女性を必ず雇用すること」と定められているわけではありません。職歴・能力などの点から、「結果として」雇用した社員が男性のみであったとしても、それが違法となるわけではありません。

ほとんどの労働法は「結果の平等」を求めていない

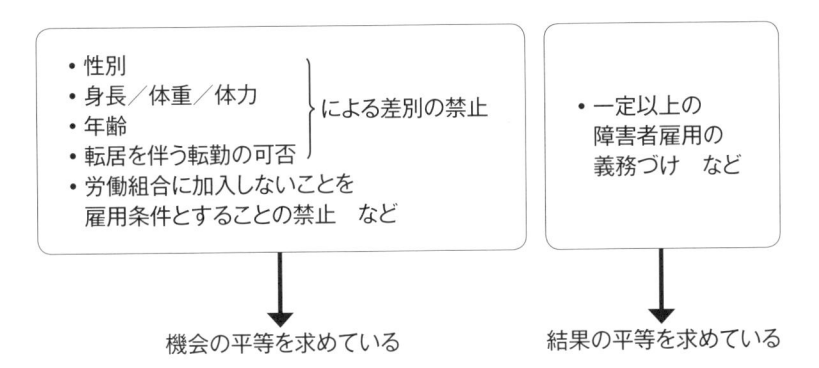

- 性別
- 身長／体重／体力
- 年齢
- 転居を伴う転勤の可否

による差別の禁止

- 労働組合に加入しないことを雇用条件とすることの禁止　など

機会の平等を求めている

- 一定以上の障害者雇用の義務づけ　など

結果の平等を求めている

2　年齢に関する制限とその例外

❶ 定年制という「年齢差別」が許容されてきた

　一定の年齢になると退職するという「定年制」は、よくよく考えてみるとおかしいと思いませんか。能力や実績にかかわりなく、年齢のみを基準にして事実上強制的に退職させるわけですから、年齢差別であるといえます。欧米諸国には、雇用契約において年齢差別をハッキリと禁止している国もありますが、日本では年齢差別がある程度許容されているわけです。

　第1章で述べたとおり、そもそも日本では、解雇が厳しく制限されています。解雇を制限されたまま社員を雇用し続けなければならないと、人件費の高止まりを招き、世代交代も図れなくなってしまいます。そのため、一定の年齢で雇用を終了させることにも合理性があるとして、定年制が許容されているのです。

❷ 「結果的に」年齢が偏ることに問題はない

　ただし、募集・採用については、年齢にかかわりなく雇用の機会を与える必要があります。雇用対策法（2018年7月に「労働施策総合推進法」に名称変更）において、かつては年齢にかかわらず労働者の募集・採用を行なうことが事業主の「努力義務」とされていましたが、2007（平成19）年の雇用対策法改正により「義務」へと変更されました。

　これは、年齢制限をともなう求人が相当数あったことや、高年齢者や年長フリーターなど一部の労働者の応募機会が閉ざされている状況があったことから、労働者1人ひとりにより均等に働く機会が与えられるように配慮したものです。

　ただし、年齢にかかわりなく雇用の「機会」を与えるよう義務づけられているということは、裏返して言えば、「結果的に」特定の社員を雇用することを強制されているわけではないことを意味しています。すなわち、前出のように「機会の平等」が義務づけられているのであって、「結果の平等」

は求められていないわけです。

　たとえば、ある会社が年齢制限をかけずに募集を行ない、結果として若手の応募者のみを採用したところ、50代の応募者が「年齢で差別しているのではないか、この会社の採用は違法だ」と申し立てたとしましょう。この場合でも、使用者が年齢のみを基準に採用の可否を決めていない限りは、違法とはならないわけです。

　なお、「雇用対策法施行規則」には、会社の採用の自由を尊重して、年齢制限の禁止に関する一定の例外が定められており、長期勤続によるキャリア形成を図る観点などから若年者等を募集・採用する場合などについて、一定の年齢層を限定することが認められています。

例外的に年齢制限を設定してよいケース

区分	具体的なケース
①定年年齢を上限として、その上限年齢未満の労働者を期間の定めのない労働契約の対象として募集・採用する場合(1号)	定年年齢が60歳の会社において、「60歳未満の方を募集します」と定める場合 など
②労働基準法等の法令の規定により年齢制限が設けられている場合(2号)	18歳未満の人が就業できない仕事において、「18歳以上の方を募集します」と定める場合 など
③長期勤続によるキャリア形成を図る観点から、若年者等を期間の定めのない労働契約の対象として募集・採用する場合(3号のイ)	「35歳未満の方を募集。経験不問」とする場合など(ただし「対象者の職業経験について不問とすること」「新規学卒者以外の者にあっては、新規学卒者と同等の処遇であること」の2点を満たす必要がある)
④技能・ノウハウの継承の観点から、特定の職種において労働者数が相当程度少ない特定の年齢層(30〜49歳のうちの特定の5〜10歳幅の年齢層)に限定し、かつ、期間の定めのない労働契約の対象として募集・採用する場合(3号のロ)	特殊技術を扱う会社であって、30〜35歳の従業員が相当程度少ない場合において、「30〜35歳の方を募集します」と定める場合 など
⑤芸術・芸能の分野における表現の真実性等の要請がある場合(3号のハ)	「演劇の子役のために、18歳以下の方を募集します」と定める場合 など
⑥60歳以上の高年齢者または特定の年齢層の雇用を促進する施策(国の施策を活用しようとする場合に限る)の対象となる者に限定して募集・採用する場合(3号のニ)	「60歳以上の方を募集します」「若年者トライアル雇用の対象として40歳未満の方を募集します」と定める場合 など

　また、実務上問題になりがちなこととしては、採用広告の文面の書き方が挙げられるでしょう。特定の年齢層を限定して募集するのではなく、具体的な業務を明示して、事実上、募集対象者を絞る工夫が必要になります。具体例は以下のとおりです。

年齢を記載せず募集対象者を限定した採用広告文の例

「若者向けの洋服の販売職として、30歳以下の方を募集」　⟶　✕

「10歳代後半から20歳代前半までの若者向けの洋服の販売であり、宣伝を兼ねてその商品を着用して店舗に出て接客する業務である」　⟶　◯

「長距離トラックの運転手として、45歳未満の方を募集」　⟶　✕

「長時間トラックを運転して、札幌から大阪までを定期的に往復し、重い荷物（□□kg以上）を上げ下ろしする業務であり、当該業務を継続していくためには持久力と筋力が必要である」　⟶　◯

❸ 改正職業安定法（2018年1月1日施行）について

　求人広告において、虚偽の労働条件や曖昧な労働条件を出すなどして求職者とのトラブルが増加していることを受け、求人・採用の際の規制を強化しました。

①労働契約締結前の労働条件明示義務

　求人票や募集要項等においては、決められた労働条件を明示することが必要です。「何だ、当たり前のことではないか」と思われるかもしれませんが、これまでは曖昧な記載でも許されていたところを明確に労働条件を示すことを求め、トラブルを予防します。

②募集時に明示した労働条件から変更等がある場合に
　労働契約締結前の労働条件等明示が必要

　当初明示した労働条件が変更される場合は、変更内容について明示しなければなりません。この改正の背景には、会社が求人時の労働条件を事前の予告なく雇用契約締結時に変更し、不利益な内容で契約を締結せざるを得ない状況に追い込むというトラブルが増えていたため、このような規制が加わりました。

③虚偽の求人申込みに対する罰則

　（ハローワーク、職業紹介事業者に虚偽の求人申込みをした者に罰則［6月以下の懲役または30万円以下の罰金］）

　虚偽の条件を提示してハローワークや職業紹介事業者に求人の申込みを行なった場合、6月以下の懲役又は30万円以下の罰金となります。虚偽の条件で求職者を採用した場合ではなく、ハローワーク等に求人の申込みを行なった時点で罰則の対象となる点に注意が必要です。

3　健康情報の調査について

❶ 健康状態の事前調査は原則として可能

　　雇用契約の本質が労働力を買い取ることにある限り、社員が健康であるかどうかは、採用に当たってきわめて重要な事柄です。

　　多くの会社では、健康に働けることを前提に、雇入れ時の賃金を決定しているはずです。会社が健康な人間を雇うということは、何ら責められるべきものではありません。

　　職業安定法第5条の4では、社員を募集するに当たって、業務の目的の達成に必要な範囲内で個人情報を収集することができると定めています。

　　たとえば、高所作業に従事してもらうような場合には、採用前に血圧を測定して把握しておく必要がありますし、商社などの世界中に駐在する可能性のある業務であれば、海外赴任に耐えられる健康状態であるかどうかについて、広く健康情報を収集することが不可欠であるといえるでしょう。

　　つまり、当然のこととして、業務に関連する項目について必要な範囲であれば、健康状態について事前に調査することは認められているのです。採用後、調査しなかったことを原因としたトラブルを起こすことのないように、以下の点に注意したうえで、必要な情報は収集しておかなければなりません。

❷ 個人情報は「どのように管理するか」が問題

　　たとえば、会社が学生に対して内定を出す前に健康診断を受けるよう求めたところ、その学生の親から「健康情報は個人情報です。個人情報保護法の観点からすれば、うちの子の健康情報を得ること自体が違法ではないのですか」とのクレームが付いたとします。果たして、この会社の指示は違法となるのでしょうか。

　　結論から言えば、違法ではありません。個人情報保護法の趣旨は個人の同意を得て集めた個人情報を「どのように管理するか」を制限するも

のであり、採用に当たって情報を「集めること」自体を禁止するものではありません。

　注意しなければいけないのは、採用に当たって収集した情報を、本人の同意なく目的外に使用したり、第三者に本人の同意なく提供したりすることがないようにすることです。改正個人情報保護法（2018年5月施行）では個人の病歴情報は「要配慮個人情報」に指定され、そのため、本人の同意を得ない取得を原則禁止。本人の同意を得ないと第三者提供ができません。

　裁判例でも、「健康診断は予定される労務提供の内容に応じて入社前に実施することができる」としています。これは、個人情報保護法施行後の現在においても当てはまります※。

　実務的には、「当社の募集に応じた応募者の提出書類は、採用選考のためにのみ使用するものである」というように、その利用目的を書面などで明示します。また、採用後に新たな利用目的が発生した場合には、改めて本人の同意が必要になります。

❸ メンタル面の病歴は慎重に聞く

　健康診断の結果だけではわからない疾病もたくさんあります。特に最近は、メンタルヘルス不全により欠勤するケースが増えていますが、よくよく事情を聞くと、実は入社前から精神疾患の病歴があったことが発覚することも少なくないようです。

　メンタル面での病歴は、聞いてはいけないものであるように思われがちですが、疾病によっては業務の遂行に支障が出る場合があります。採用面接において、精神疾患を含めた過去の病歴を聞くことは禁止されていません。

　健康体で労務を提供する者を採用したいという使用者の考えは尊重されており、当然ながら就職差別につながらないように注意しつつ、業務の目的に必要な範囲内で情報収集することは可能なのです。

※　B金融公庫事件 平成15.6.20東京地裁判決

健康状態チェックシートの文例

> 採用に当たり、あなたの健康状態について質問させていただきます。回答の結果は、あなたの採用選考、採用後の労務管理以外には使用しませんし、第三者にあなたの同意無く提供することはいたしません。
> 記載したくない場合は、記載しなくとも結構です。
>
> (1) 過去2年間、病院に通院したことがありますか?　　　　Yes　　　No
>
> (2) 通院したことがある場合、その疾病名をすべて挙げてください
>
> (　　　　　　　　　　　　　　　　　　　　　　　　　　　　　　　　)

　　たとえば、過去2年間など、直近の一定期間を区切って聞くことなどが考えられます。口頭では聞きづらいことでもあると思われますので、上のような「健康状態チェックシート」を作成し、面接時に記入してもらうことなどが有効でしょう。

❹ 一定の疾病に関する情報収集は禁じられている

　　ただし、一定の疾病に関する情報については、特別に慎重な取扱いが求められています。

　　厚生労働省が策定した「雇用管理に関する個人情報の適正な取扱いを確保するために事業者が講ずべき措置に関する指針」に定められているところによれば、雇用管理を行なうに当たって、「HIV」「B型・C型肝炎」等の感染情報については、業務上の特別な必要がない限り取得するべきではないとされています。

　　また、色覚異常等の遺伝情報においても、就業上の配慮を行なうべき特段の事情がない限り、一律に取得するべきではないとされています。

4 内定とその前後にまつわる諸問題
その①

　採用とひと口に言っても、内々定・内定・試用期間・本採用と、複数のステップがあります。ここでは、本採用に至る前の社員への対応における実務的な問題点について解説していきます。

❶「内定」とはどのような契約か

　会社が内定を出すというときの「内定」は、多くの場合、次のような2つの特徴をもっています。

(1) 会社が内定を出した段階で、将来ある一定の時期から社員として働くことを約束していること

(2)「大学を卒業できなかった」「病気をするなどして出社することができなくなった」「会社の体面を傷つけた行為をした」など、ある一定の不都合な事実が起きた場合は、会社が内定を取り消すことができること

　つまり、内定が成立した場合、第1章で述べたように使用者と労働者(将来の労働者)との間に雇用契約が成立しているものの、使用者は、一定の場合に雇用契約を解除できる「留保付解約権」を有しているという状態になるわけです。

　具体的には「内定通知書」と「採用請書」を取り交わすことにより、内定が成立する場合が多いようです。

　内定通知書と採用請書の書式例は次ページのとおりです。

❷「内々定」を出すなら他社への就職活動は禁止しない

　「内々定」とはよく聞かれる言葉ですが、その実態は企業の状況によってさまざまです。一般的には、「正式な内定には至らないものの、会社が内定を将来出す予定があること」を意味していることが多いようです。

　これまでは日本経団連が定めている「採用選考に関する企業の倫理憲章」

（2018年10月に廃止を決定しました）により内定を出す時期が制限されていた関係上、それ以前に企業が内定を出す予定がある応募者に対して内々定を出す、ということが広く行なわれてきたものです。

　内々定を出す場合には、その「将来の労働者」が就職活動を継続することを認めるか否かがポイントになります。

　たとえば、他社の内々定を断わることを条件として内々定を出す場合、これは実質的に「内定」であり、すなわち会社と労働者との間に雇用契約が成立しているといえます。

　一方、内々定をもらっても、他社への就職活動が自由にできるのであれば、会社と労働者との間に雇用契約が成立したとはいえません。内々定を出すのであれば、他社への就職活動を禁止しないようにしなければなりません。

内定通知書と採用請書の書式例

○○○○殿

　　　　　　　　　　　　　　　　　　　　　　　　○○年○月○日
　　　　　　　　　　　　　　　　　　　　　　　　○○○○株式会社

　　　　　　　　　　　　　　採用内定通知書

当社は、選考の結果、あなたを採用することと内定致しましたので、本書面をもって通知致します。入社日は○○年○月○日となります。不明な点がありましたら、総務部までご連絡下さい。

　　　　　　　　　　　　　　採用請書
　　　　　　　　　　　　　　　　　　　　　　　　○○年○月○日
○○○○株式会社御中
　　　　　　　　　　　　　　　　　　　　氏名
　御社より入社日を○○年○月○日とする内定通知をいただきました。今後以下の項目に該当する事実が起きた場合や判明した場合は、採用内定取消しを受けても何ら異議を申し立てません。

1　○○年○月○日までに所属する学校を卒業できない場合
2　健康状態が内定段階より著しく低下し、労務の提供を今後継続して提供することができないと会社が判断した場合
3　履歴書や申告した事実に虚偽の事実があるなどとして経歴詐称の事実が判明した場合
4　○社の社員として体面を汚すような行為を行なった場合（交通事故などの行為により刑事責任を問われた場合を含む）
5　会社の経営状況が悪化した場合　　等

5 内定とその前後にまつわる諸問題 その②

　会社としては、どのような場合に内定を取り消すことができるのか、また取り消す場合にはどのようなことに留意すべきかという点について、しっかり把握しておく必要があります。

❶ 内定取消しには「十分な説明」が絶対条件

　当然のことながら、無制約に内定取消しが認められることはありませんが、「客観的に合理的と認められ社会通念上相当として是認できる事由がある場合」には、取消しもやむなしというのが裁判所の見解です。

　内定取消しを行なう際のポイントについて、1つの事例をもとに詳しくみていきましょう。

> ┈┈┈ 事件の概要 ┈┈┈
>
> 　大手コンピュータ会社に勤める社員が、転職活動をして別のコンピュータ会社から内定を得た。勤務先の会社を退職した後、入社日の2週間前になって、突然入社の辞退を勧告され、経営悪化を理由に内定を取り消された。
>
> インフォミックス事件 平成9.10.31東京地裁判決

　企業が経営悪化を理由として採用内定を取り消す場合は、整理解雇の有効性を判断する場合の「整理解雇の4要件」が適用されます。

整理解雇の4要件

❶ 人員削減の必要性　❷ 解雇回避努力の存在　❸ 解雇対象者選定の合理性　❹ 手続きの妥当性

　この事件の判決において、整理解雇の4要件について、それぞれどのように検討されたのかをみていくことにしましょう。

❶ (人員削減の必要性) ➡ ○

大幅な事業縮小などから人員削減の必要性は認められる

❷ (解雇回避努力の存在) ➡ ○

内定者に対しても入社の辞退勧告を行なうなどして、内定取消し回避のために相応の努力を行なっている

❸ (解雇対象者選定の合理性) ➡ ○

すでに働いている社員よりも未だに働いていない内定を得た者を解雇対象者選定とすることは合理的である

❹ (手続きの妥当性) ➡ ✕

入社日の2週間前になって突然入社の辞退勧告や職種変更の申入れをしたことに関し、本件採用内定を取り消す場合には、内定者の納得が得られるよう十分な説明を行なう信義則上の義務がある

内定取消しは無効

　つまり、④の手続きの妥当性において、会社は内定者の納得を得られるような十分な説明をしたとはいえず、誠実性に欠けていたという理由だけで、内定取消しは無効と判断されたわけです。
　これは、非常に厳しい判断といえます。「内定者の納得が得られるような十分な説明」がない限りは、非常に経営が苦しくとも、内定取消しは無効となってしまうのです。

❷ 内定取消しの具体的なプロセス
　まず、内定取消しを内定者に伝える時期は、できるだけ早いに越したこ

とはありません。早期に通知できれば、第二新卒として年度途中に再就職することも可能ですが、上記事例のように入社を直前に控えた時期になると、就職時期が1年間遅れる可能性が高くなりますので、内定者側からの補償額の要求も、当然に高くなることが考えられます。

「十分な説明」に関しては、明確な基準を設けることはできませんので、使用者側としては、できうる限りの誠意をもって説明することが求められます。

そこで実務的には、まずは内定者に対する説明会を開催することが考えられるでしょう。経営状況が悪化しているなど、内定を取り消さなければならないほどの理由があることを、経営資料などを用いて十分に説明します。とくに、この事件のように入社を直前に控えた時点での取消しは、内定者にもたらす不利益や精神的苦痛はより大きなものになります。内定者に対する真摯な謝罪も、決して忘れてはならないことです。

また、この会社は、内定取消しに対して一定の金銭的補償を提示していました。結果的には合意に至らなかったわけですが、「十分な説明」だけでは納得が得られなかった場合は、金銭的な補償を申し入れることで、内定取消しに同意してもらうように働きかけます。

企業側で「正当な理由がある」と考えている場合であっても、できる限りの金銭的補償を申し入れ、協議によって内定取消しの合意を得るように努力することが大切です。具体的な補償額としては、予定していた月給の2か月分から半年分程度の金銭補償を行なうことが多いようです。

これらのことから、内定を取り消すためには、次のようなプロセスを経て、内定者の納得を得ることが必要になります。

❶ 入社日の直前ではなく十分な時間をおいて通知する

❷ 金銭補償を提示し合意退職するための努力を尽くす

❸ 経営状態の資料などをもとに、内定を取り消さざるを得ない旨、できる限り具体的な説明をする

　以上のことは、中途採用者の内定取消しについても同様です。

❸ 内々定の取消しで金銭補償が必要になるケース

　一方、内々定の取消しに関しては、先に述べたとおり、原則として合理的な理由がなくとも可能です。内定とは異なり、会社との間に雇用契約が成立していないからです。

　ここでも、事例を中心にみていきましょう。

> **事件の概要**
>
> 　内々定を得て入社承諾書を提出し、就職活動を終了させた2名の学生が、内定書を受け取る予定日の2日前に「原油高騰や金融危機などの総合的要因」を理由に同社から内々定を取り消された。
>
> 　　　　　　　　コーセーアールイー事件　平成23.3.10福岡高裁判決

　結論として、内々定は雇用契約そのものではないが、当事者双方が正式な雇用契約締結を目指すうえで、内々定者の期待を不当に侵害したものであるとして、裁判所は使用者側に22万円の慰謝料を支払うよう命じました。

　このように、内々定を出したに過ぎない場合でも、内定を出す間際であったり、使用者が学生に内定を出すと説明したにもかかわらず内定を取り消すような場合は、会社は学生と十分に話し合って内定を出せない理由を説明する必要があります。

　場合によっては、内定取消しのケースと同様、一定の金額を支払うなどしたうえで解決する努力が求められます。

6 試用期間について

❶ 試用期間中の労使関係とは

　採用後、会社や業務への適性をみるために、試用期間を設けている会社は多いでしょう。試用期間の長さをどの程度にするかは会社に委ねられていますが、実務的には3か月〜6か月程度が妥当です。

　試用期間中は、内定の場合と同じく、会社が留保付解約権をもつ状態とされています。試用期間中に特段の問題がなければそのまま本採用となりますが、社員としての適格性がないと判断した場合は、解約権を行使すること、つまり解雇することができます。

　実務上の感覚から言えば、試用期間中の解雇の有効性は、正社員の場合に比べて若干緩やかに判断されるといえます。何度も述べていますが、これもやはり解雇規制が厳しいために、普通解雇とは別に、解約権をもつことが認められているわけです。

　試用期間中のコンクリート・ミキサー車の運転手が、安全確認作業を怠ったことを理由に解雇された事例においても、就業規則の解雇事由よりも広い裁量が使用者に認められると判断されています[※]。

　基本的に、試用期間中の解雇で裁判にまでもつれる例はあまりありません。これは、労働者側も「試用期間中であれば仕方がない」とあきらめることが多かったからだと思われます。

❷ 本採用を拒否したい場合の流れ

　とはいえ、もちろん自由に解雇できるということではありません。試用期間中であっても、「客観的に合理的な理由」がなければ解雇は無効となります。

　一般的には、次のような項目が解雇事由に該当するとされています。

※　静岡宇部コンクリート事件　昭和48.3.23東京高裁判決

試用期間中のおもな解雇事由

① 無断欠勤や遅刻を繰り返すなど勤怠が悪いこと

② 正当な理由なく、上司の指示命令に反抗したり、従わないこと

③ 社内秩序を乱すような行為をすること

④ 職務遂行能力が低く、能力向上の見込みも少ないこと

　ただし、このような事実だけで十分な理由になるとは限りません。たとえば④に関して、単に能力が劣るということだけではなく、今後雇用しても能力や勤務態度を改善することが難しいと判断できる事情が必要になりますので、まずは注意・指導を行なってください。注意・指導をしても一向に改善がみられないという事実は、書面などで残しておく必要があります。また、就業規則において試用期間の延長が認められている場合は、延長して注意・指導の期間にあてることも効果的でしょう。

　それでも問題を起こすような社員に対しては、まずは退職勧奨を行なってください。試用期間中であるとはいえ、勤怠不良など客観的な証拠をそろえたうえで、できる限り解雇ではなく任意退職してもらうための努力を尽くすべきです。

　温情や手間がかかるといった理由で対策を講じない会社も少なくありませんが、何度も説明しているように、一度本採用すると、解雇することは非常に困難になります。

　解雇に関する実務上のポイントは第7章、退職勧奨に関しては第10章に詳しく解説していますので、参考にしてください。

❸ 期間雇用社員に対する「雇止め」

　ここで、期間の定めのある雇用契約についても触れておきましょう。

　正社員の解雇規制が厳しいため、全労働者に占める期間雇用の割合は高い状態を保っております。期間雇用とはその名の通り期間が定まった雇用契約をいいますので、1年間の雇用契約であれば、1年が経過すれ

ば自動的に終了します。

　新しい雇用契約を更新しない場合、つまり「雇止め」をすると、雇用契約は終了します。解雇と異なり自動的に契約が終了するため、本来であれば契約終了について労働者は争うことができません。

　労働契約法第19条では、以下のいずれかに該当する有期労働契約に関しては雇止めを行なうに際し、客観的で合理的な理由がなく、社会通念上相当でなければ認められず、従前と同一の労働条件で有期労働契約が更新されることになるとされています。

　　・過去に反復更新された有期労働契約で、その雇止めが無期労働
　　　契約の解雇と社会通念上同視できると認められるもの
　　・労働者において有期労働契約の契約期間の満了時に当該有期労
　　　働契約が更新されるものと期待することについて合理的な理由があ
　　　ると認められるもの

　期間雇用の採用時に、会社側が「特段の問題がなければ正社員に登用することがある」と説明することも少なくないと思います。期間雇用中に、正社員として不適当であると判断した場合は、そのまま雇用契約を更新しないことを想定したものです。

　ただし、本来裁判所は、期間雇用を臨時的な仕事のために用いることを想定しています。臨時的な仕事のためのはずなのに、ずさんな契約更新手続きを通して雇い続けていたり、いつまでも雇うと誤解させるような発言をした場合や、長期間正社員と同じ仕事をさせている場合などは、雇止めが認められなくなる傾向があるのです。

　使用者としては、雇止めを行なう場合、以上の点に注意して、場合によっては臨時の退職金を提示するなどして、合意退職によって退職してもらうことを目指すべきです。

column

採用の
グレーゾーン

「中途採用について、事実上一定の年齢以下の応募者しか採用しないことは違法でしょうか?」

筆者の元には、このような質問が寄せられることがあります。結論としては、使用者が年齢「のみ」を基準に採用の可否を決めていない限り、違法とはなりません。

本文でも触れたとおり、日本の労働法は、あくまで「機会の均等」を義務づけており、「結果の平等」までは求めていません。年齢にかかわりなく雇用の機会を与えるよう義務づけているということは、裏を返せば、実際に一定年齢以上の労働者を採用するよう強制するわけではない、ということを意味しています。ですから、一定の年齢以下の応募者にもチャンスを与えてさえいれば、結果として一定の年齢以上の応募者しか採用しなかったとしても、違法ではありません。

「雇用対策法」(2018年7月に「労働施策総合推進法」と名称変更)において、かつては年齢にかかわらず労働者の募集・採用を行なうことが事業主の「努力義務」とされていましたが、2007(平成19)年の改正により「義務」へと変更されました。

年齢制限をともなう求人が相当数あったことや、高年齢者や年長フリーターなど、一部の労働者の応募機会が閉ざされている状況があったため、労働者1人ひとりに均等に働く機会が与えられるようにと、募集・採用における年齢制限が禁止されることになったのです。

その一方で、本文中に触れたように技能・ノウハウ等の継承の観点から、特定の職種においては、労働者数が相当程度少ない特定の年齢層に限定して募集・採用する場合に限り、年齢制限を設けることを可能としています。どうやらこのあたりのわかりにくさが、「採用のグレーゾーン」となっているようです。

賃金のしくみと仕事

1 「賃金」とは何か

❶ 「チップ」は賃金か否か

　経理担当者の間では、「チップは賃金か?」といったトピックが話題にのぼることが少なくないようです。チップはお客様からいただくもので「使用者が支払ったもの」ではありません。したがって、チップは賃金には含まない、が正解です。

　第4章はまず、この「賃金とは何か」という概念をしっかり押さえることから始めます。労働基準法第11条では「賃金とは、賃金、給料、手当、賞与その他名称の如何を問わず、労働の対償として使用者が労働者に支払うすべてのものをいう」とされています。つまり、「労働の対価」として使用者が労働者に支払うものすべてを賃金と呼ぶわけです。

❷ 賃金支払いの5原則

　少し専門的な話になりますが、労働契約においては、「労働者と使用者がお互いに納得しているなら国は介入しない」という私的自治の原則が当てはまります。この大原則から言えば、賃金の支払い方についても、たとえばバナナが大好きな社員にはバナナで支払う、といったことができるわけです。

　そうは言っても、労働者の生活の糧となる賃金制度を各々の会社に任せるわけにはいかないので、賃金の支払い方法については、労働基準法で細かく決められています。

　労働基準法の第24条1項には「賃金は、通貨で、直接労働者に、その全額を支払わなければならない」と定められており、第24条2項において「賃金は、毎月一回以上、一定の期日を定めて支払わなければならない」と定めています。

　この「賃金支払いの5原則」と呼ばれるルールをまとめると、右上のようになります。

賃金支払いの5原則

① 通貨払いの原則：賃金は通貨（日本銀行券）で支払うこと

② 直接支払いの原則：賃金は直接本人に支払うこと

③ 全額支払いの原則：賃金はその全額を支払うこと

④ 毎月1回以上払いの原則：少なくとも毎月1回は賃金を支払うこと

⑤ 一定期日払いの原則：賃金は「毎月25日」というように、
　　　　　　　　　　　その支払期日を特定すること

❸ 5原則の例外と問題になりやすいケース

　ただし、この5原則を忠実に守ろうとすると、たとえば賃金を銀行振込みにするのは「通貨払いの原則」に反することになりますし、組合費や旅行積立金などを給与天引きにするのは「全額支払いの原則」に反することになります。

　しかし、それでは実務上の手間がかかりすぎるため、本人の同意を得ることを条件に賃金の銀行振込みが認められていますし、労使協定を締結した場合に、組合費や旅行積立金などの給与天引きができるわけです。そのほか法令に定めのある所得税、住民税、社会保険料などの天引きも含め、これらを一般的に「賃金支払いの5原則の例外」と呼びます。

　こうした「例外」の解釈で問題になりやすいのが、運送会社の運転手が交通事故を起こした場合に、保険の免責部分の金額を、ペナルティとして本人の給与から天引きしてしまうといったケースです。「全額支払いの原則」に抵触する労働基準法違反であると、労働組合などから指摘されるわけです。この場合、使用者が一方的に相殺することは許されないとする判例があり、使用者の判断で一方的に損害賠償請求額を天引きすることは認められません。

　事故が起きた後は、損害賠償請求額を給与天引きすることについて、労働者から同意を得て、その旨文書を残しておく必要があります。同意文書のサンプルは、次ページを参考にしてください。

損害賠償請求額の天引きに関する同意文書の例

```
                                                    年　　月　　日

○○○○株式会社　御中
                                          氏名　　　　　　　印

　私は、○○年○月頃、交通事故により御社に○万円の損害を与えました。私は、前記○
万円のうち○万円について御社に支払う義務があることを認めます。また、私は、前記○万
円の損害の支払い方法について、今後私が御社から支払を受ける賃金(○○年○月支払分
から)から御社が毎月○円を控除する方法で支払うことについて同意します。万が一、私が
前記○万円の損害について全て支払うことなく退職した場合は、期限の利益を当然に喪失し
て退職後残額を御社に一括して支払います。
                                                              以上
```

❹ 通勤手当は賃金に含まれるか

　冒頭で述べたように、賃金は「労働の対価」であるわけですが、当然生活保障的な意味合いも含まれるため、より広く解釈されていることがあり、実際のところ賃金であるか否かが非常に紛らわしくなっている項目もあります。

　たとえば「通勤手当」です。通勤のための交通費は「労働の対価」とは言い切れませんから、賃金でないように思えませんか。

　実際、使用者側に「通勤のための交通費」を支払う法律的な義務はありません。慣行として使用者が負担していることが多いにすぎず、「通勤交通費を支給しない」と就業規則に定めることは可能です。

　一般的に、派遣社員は交通費自己負担が原則ですが、派遣社員という労働形態が比較的最近できたものであることから、こうした制度も整備しやすかったのだと思われます。

　通勤交通費は会社側にとっても相当な負担になります。会社によっては、採用基準の1つとして、採用時にはなるべく職場の近所に住んでいるかどうかを重視することもあるようですが、それは法律違反には当たりません。

　ただし、支給することが制度として定められている限りは、通達上(15ペー

ジ参照）、通勤手当は賃金として取り扱われることになります。「賃金」であるかどうかがなぜ重要かといえば、賃金であれば「賃金支払いの5原則」を守る必要があるからであり、通勤手当が賃金であれば、当然「毎月1回以上払いの原則」も適用されます。

　実務上、3か月または6か月分という形で支払っている会社も多いと思われますが、当該月の最初の月に支払われていれば、社員にとって不利益とはならないため、例外として認められています。

❺ 使用者には給与明細を発行する義務がある

　ほとんどの会社では「給与明細」を発行していると思います。給与を支払うという行為は、法律上「賃金債務を弁済する」ということになります。弁済である限り、「そのお金が何に支払ったものなのか」を明示する必要があるため、給与明細を発行するわけです。

　しかし、このような法律的な理解よりも大切なポイントがあります。そもそも社員からすれば、合計金額を見ただけではどれが基本給で、どれが手当で、どれが残業代なのかがわかりません。就業規則や賃金規則のとおりに支払われているかを社員がチェックするために、給与明細が必要になると理解しておいてください。

　かつて裁判で、給与明細の内容が問題になったことがありました。賃金規程に残業代として特定の手当を支払う定めがあるにもかかわらず、給与明細に手当を支払った記載が明示されていない場合には、従業員側から手当が未払いなのではないかと主張されることになります。

　つまり、給与明細がないと、給与を支払ったことにはならないと判断される恐れがあるわけです。

2 最低賃金と平均賃金

❶ 使用者の「善意」は認められない

労働者の最低限の生活を守ることを目的として、「最低賃金」が決められています。最低賃金の対象となるのは「毎月支払われる賃金」とされており、諸手当や賞与などはこの範囲ではありません。

たとえ労働者が「私は時給500円でかまわないので雇ってください」と申し出たとしても、時給500円で働かせた使用者は、法律違反で罰せられてしまうという厳しい制度です。

今の時代、とくに高齢者のなかには「いくらでもいいから雇ってくれ」とうったえる人も少なくありませんが、たとえ善意からだとしても、最低賃金以下の条件で雇い入れると、刑罰を受けることになるのです。

❷ 地域別最低賃金と産業別最低賃金

最低賃金には、地域ごとの生計費をもとにした「地域別最低賃金」と、鉄鋼業、製造業、出版業など、特定の産業を対象とした「産業別最低賃金」があります。「産業別」は「地域別」を上回る金額であることという決まりがあります。

住んでいる地域によって最低賃金が違うのはおかしな話だと思われるかもしれません。しかし結局のところ、賃金は「市場原理」、すなわち需要と供給のバランスによって決まっているものだということです。物価は地域ごとに違いますから、その地域のマーケットによって賃金が決まるのです。

2018(平成30)年10月時点での最高額は東京都の985円、最低額は鹿児島県の761円。最低賃金はいずれも「時給」で確定されますが、地域格差は3割近くにも及んでいることになります。

最低賃金に違反した場合、「地域別最低賃金」に抵触した場合は上限50万円の罰金、「産業別最低賃金」に抵触した場合には上限30万円の科料(行政罰)が課せられます。

❸「平均賃金」の意味と求め方

　　平均賃金とは、算定すべき事由の発生した日以前、直近3か月間に支払われた賃金総額を、その期間の総（暦）日数で割った金額をいいます。

　　ただしその3か月に、試用期間、産前産後の休業、育児・介護休業、労災による休業、使用者の都合による休業期間が含まれていた場合、その期間は平均賃金の算定期間から除外されます。

平均賃金を求める算式と支払条件

平均賃金の算定から除外できる期間の日数と賃金

① 業務上の傷病による療養のための休業期間
② 産前産後の休業期間
③ 使用者の責に帰すべき事由による休業期間
④ 育児休業または介護休業の期間
⑤ 試みの使用期間

平均賃金

$$
平均賃金 = \frac{\boxed{算定すべき事由}の発生した日以前\boxed{3か月間}にその労働者に対し支払われた\boxed{賃金の総額}}{その期間の総（暦）日数}
$$

こんな場合に平均賃金を使う!

① 解雇予告手当を支払う場合
② 使用者の責によって労働者を休業させた場合
③ 労働者が年次有給休暇を取得した場合
④ 業務上の災害に対し、災害補償を行なう場合
⑤ 減給の制裁を行なう場合

❹「平均賃金」を使用する場面あれこれ

　　平均賃金は、主に解雇予告手当や休業手当などを支払う場合と、年次有給休暇の計算などに使用しますが、労働者が年次有給休暇を使用した場合の給与計算方法については意外に難しく、実務上よく問題になります。
　　平均賃金の具体的な使用例は以下のとおりです。

(1)解雇予告手当を支払う場合

　　使用者が労働者を即日解雇したい場合には、平均賃金の30日分以上の金額を「解雇予告手当」として支払う必要があります。

(2)休業手当を支払う場合

　　使用者の都合により労働者を一定期間休業させる場合には、「休業手当」として平均賃金の60％以上を支払わなければなりません。

(3)災害補償を行なう場合

　　業務上の災害について、万が一業務上の事故から障害を負わせてしまった場合の障害補償、死亡事故が発生してしまった場合の遺族補償、または休業補償などの算定は、平均賃金が基礎になります。

(4)年次有給休暇を取得した場合

　　実際に労働が行なわれていない日にいくら賃金を支払うかは、意外に難しい問題です。通常、就業規則の定めによって支払いますが、有給休暇分の支払い方にはいくつか計算方法があることを知っておいてください。
　　代表的な例としては①「平均賃金」で支払う方法と、②所定労働時間を労働した場合の賃金で支払う方法があります。
　　①「平均賃金」は前ページの式のとおり直近3か月間の賃金を日数で割ったものですから、そこには残業代も含まれますが、総(暦)日数、つまり休日も含めた日数(たとえば92日)で割るので、その金額は意外に安くなります。一方、②には残業代は含まれませんが、所定労働日、所定労働時間をもとにして計算しますから、平均賃金より多少高くなるのが一般的です。
　　したがって平均賃金で計算する場合、有給休暇を使用した社員は、

その月の給与が下がることも十分考えられます。ただし、この方法を用いると、毎月、平均賃金を直近の3か月で算定しなおす必要が出てきますから、実務上はかなり手間がかかることになります。

(5)減給の制裁を行なう場合

　就業規則で、労働者に対する減給の制裁、つまりペナルティとしての賃金カットを行なうことを定めている場合には、平均賃金1日分の半額まで、また複数回懲戒処分を行なった場合は、その総額が一賃金支払期における賃金の総額の10分の1を超えてはならないとされています。

3 減給する際の実務上の注意点

❶ 減給とノーワークノーペイを混同しない

　労働契約とは、提供した労務の対価として賃金を支払うというものですから、たとえば遅刻・欠勤・早退といったように、社員の労務の提供がない時間について、会社は賃金を支払う義務はないわけです。これを一般に「ノーワークノーペイの原則」と呼びます。

　しかし、懲戒としての減給は、このノーワークノーペイの原則とは異なり、あくまでも制裁として賃金をカットするもので、前項で記したとおり、ひとつの事由に対して1日分の平均賃金の半額まで、その累計総額は一賃金支払期間で10分の1までと労働基準法で定められています。

❷ 減給と「降格」を混同しない

　もう1つ、この減給と混同されやすい制度として「降格」があります。

　「降格」には2つの意味があります。まず1つは「役職を外す」という意味、もう1つが「資格を下げる」という意味です。

降格には2つの意味がある

降格

① 役職を外すこと
　ex. 「部長」から「課長」への引下げなど
　（役職手当がなくなることで賃金が下がる）

② 資格を下げること
　ex. 資格等級制度を定めている場合などに、
　2級から3級へ「降級」される場合など
　（降級に伴って賃金が下がる）

　賃金の面から考えると、①の場合は、役職に伴って支払っている役職手当を支給しなくともよくなります。この意味では、減給となります。

　②の場合は、基本給を決めている資格自体が下がるわけですから、資格が下がると共に給与が下がります。給与が下がるという意味では減給ですが、②の場合の「減給」は原則として賃金の引下げに該当し、社員の同意か、もしくは就業規則上の根拠(ex. 降級規定)が必要となります。

　懲戒としての「減給」とは意味が異なりますから、勘違いしないように注意してください。

　実務上は、②よりも①のほうが使用者の裁量が認められ、①の場合は裁判でも使用者が勝つことが多くなっています。②については、裁判所は、使用者に厳しい判断を下す傾向にあり、就業規則上の根拠があっても権利の濫用であるとして降級や降格を無効とすることが多くなっています。

❸ 欠勤の場合の賃金カット

　さまざまな手当について、たとえば１日欠勤した場合にどの手当をどの程度カットするべきかは、とても難しい問題です。裁判所の判断も分かれるところなのですが、現状としては「就業規則に明記されているかどうか」がポイントとなります。

　たとえば就業規則に「欠勤した場合は、○○手当と△△手当については、下記の計算式で支払う」旨の一文を設けておけば、それに沿って賃金を計算することで、問題はありません。

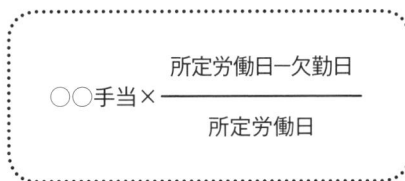

$$○○手当 \times \frac{所定労働日 - 欠勤日}{所定労働日}$$

4 割増賃金の求め方

❶ 36協定と割増賃金

　日本の労働基準法は原則として残業を禁止しています（第5章参照）。「36協定」と呼ばれる労使協定を労働基準監督署に出すことで、初めて合法的に残業を行なえるようになるのです。

　ただし、法定労働時間を超えた労働や、法定休日に労働させた場合には、使用者は、通常の時給単価以外に「割増賃金」を支払わなければなりません。時間外労働については25％以上、休日労働は35％以上、深夜労働は25％以上と決められています。

　休日における深夜労働など、割増対象が重複した場合には、割増率を合算して支払うこととなります。

❷ 割増賃金は「時給」を元に設計されている

　日本の賃金制度は、基本的に時給を元に設計されています。割増賃金計算の元となるのも「時給単価」で、それぞれの時給単価に先の割増率を掛けた数字が「割増賃金」となるわけです。時給制の場合は計算がしやすいですが、日給制や月給制の場合、まずそれぞれの時給単価を求めた後で割増率を乗じます。

　日給制の場合、日給額を1日の所定労働時間で割った金額を出します。月給制の場合は、「基本給＋諸手当」の金額を1か月当たりの平均所定労働時間で割った金額となります。ただし、時給単価を計算する際の「諸手当」からは、労働と直接的な関係が薄いと考えられる家族手当、通勤手当、別居手当、子女教育手当、住宅手当は除外できるものとされています（右ページ図参照）。

　また、割増賃金の元となる時給単価は、臨時に支払われた賃金や1か月を超える期間ごとに支払われる賃金は除外して計算します。たとえば、2か月に1回支払われる精勤手当などは、計算に入れることができません。

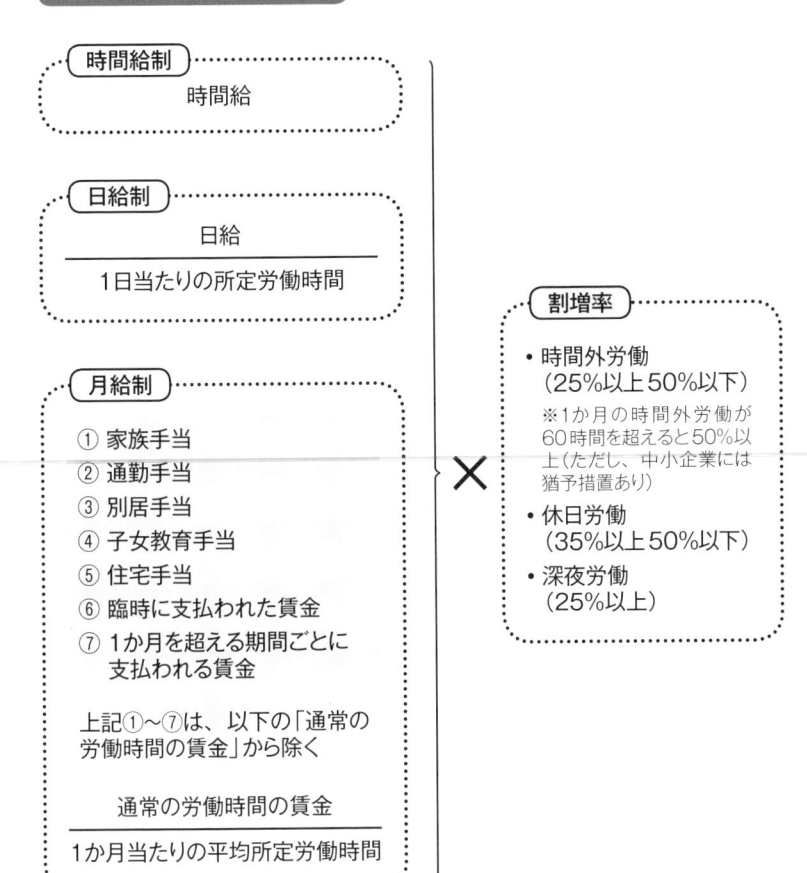

割増賃金の時給単価の求め方

時間給制
時間給

日給制
$$\frac{日給}{1日当たりの所定労働時間}$$

月給制
① 家族手当
② 通勤手当
③ 別居手当
④ 子女教育手当
⑤ 住宅手当
⑥ 臨時に支払われた賃金
⑦ 1か月を超える期間ごとに支払われる賃金

上記①〜⑦は、以下の「通常の労働時間の賃金」から除く

$$\frac{通常の労働時間の賃金}{1か月当たりの平均所定労働時間}$$

×

割増率
・時間外労働
（25%以上50%以下）
※1か月の時間外労働が60時間を超えると50%以上（ただし、中小企業には猶予措置あり）
・休日労働
（35%以上50%以下）
・深夜労働
（25%以上）

❸ 住宅手当の問題

　先に述べたように、本来「住宅手当」や「家族手当」は割増賃金の際の時給単価計算からは除外できるものですが、近年、住宅手当であるからといって、すべて時給単価計算から除外できるわけではなくなりました。この点はあまり知られていないので、十分注意してください。

　住宅手当や家族手当は「一律」で一定額を支給する場合は割増賃金の時給単価計算から除外することは認められず、住宅手当であれば家

賃金額に連動させた金額、家族手当であれば扶養家族と連動させて算定した金額と、その計算根拠をハッキリさせなければ、割増賃金の時給単価の計算から控除できなくなったのです。

　つまり「うちの会社は住宅手当を一律1万円にします」「家族手当は一律5千円にします」という規定では、割増賃金の時給単価の計算から除外できないということです。これを知らなかったがために、割増賃金の時給単価計算から住宅手当や家族手当を除外できなくなり、残業代の単価が高くなるトラブルが多く出ていますので、注意してください。

❹ 年俸制でも割増賃金は発生する

　実務上、ミスが起こりやすいのが年俸制の場合の割増賃金です。年俸制と言っても、当然ながら、実際は年に1回賃金を支払っているわけではありません。賃金支払いの5原則のうち「毎月1回以上払いの原則」に抵触しないよう、月割りなどにして支払っているケースが多いでしょう。以下、年俸制の主な2つの支払方法と、割増賃金の計算方法についてみていきます。

（1）一般的な支払方法

　代表的な方法は、年俸を12か月分プラス夏冬の賞与を入れた14か月分で割った金額を毎月支払うというものです。たとえば年俸700万円の人の場合、毎月50万円を支払います。

　年俸制を採用すると、年俸額を支払うのみで足り、割増賃金の支払いを免れることができるようなイメージを持っている人も少なくありません。特別なケースを除いては、年俸制であっても割増賃金の支払いは必要です。たとえば上記のケースでは、1か月分の50万円を月の平均所定労働時間で割った金額を基準に算定します。

（2）賞与型

　一方、年俸制には賞与型と呼ばれる支払方法があります。たとえば年俸1,000万円の契約で、800万円を月割りで支払い、プラス200万円を年2回の賞与として支払う場合などです。賞与とはいえ、年間200万円支

払うことがあらかじめ決まっているわけです。

　この場合、割増賃金の基準となる月給額を、800万円を12か月で割った66万6,666…円と計算しがちなのですが、通達は、年俸1,000万円の契約をしたのなら、その1,000万円を12か月で割った約83万3,333…円を元に算定せよと定めており、裁判所も同様に取り扱っています。

　つまり実務上は、年俸1,000万円と総額を定めるのではなく、年俸800万円としたうえで、残りは金額を明らかにせず「業績連動型賞与」として支払うとのみ定めれば、賞与は業績により支払うことになり、割増賃金の計算から賞与部分を外すことができます。

5 賞与・退職金の考え方と 実務上の注意点

❶ 会社に賞与・退職金を支払う義務はない

　　賞与や退職金が通常の賃金と大きく違うのは、以下の点です。

　　賞与や退職金は、使用者が支払う必要がないと判断し、かつ就業規則に具体的な計算式などの支給基準がなければ支払う必要がないものです。

　　特に賞与は、労働基準法上は賃金として扱われるにもかかわらず、具体的な金額を請求する権利がないという不思議な性格を持っています。

　　実務上の扱いで賞与と退職金で異なるのは、就業規則や契約書に、その計算式まで記載されているかどうかという点です。

　　通常であれば退職金の場合、就業規則などに、計算式や金額が明記されていますが、賞与についてあらかじめ計算式や金額を明記している会社はほとんどありません。

　　つまり、特段の事情がない限り、賞与の金額は使用者が自由に決めることができる性格のものです。賞与がゼロでも、法律や契約違反には当たりません。

　　ただし、長年にわたり一定額の賞与を支払っていた場合は、使用者と労働者との間で一定額を支払う約束が成立していたと判断される場合があるので注意が必要です。

❷ パート・アルバイトの退職金

　　たとえば自社の就業規則に、「従業員に対しては、別途記載の計算式にもとづいて退職金を支払う」との定めがあるとしましょう。

　　パート、アルバイト、期間雇用の社員（契約社員）も従業員であることに変わりありませんので、このままだと、就業規則に他の定めがない限り、パートやアルバイトにも同様に退職金を支払わなければならなくなります。

　　ここは問題になりやすいところです。「そんなつもりじゃなかった」「就業

　規則に書き忘れた」では通用しません。多大な負担を強いられることになる前に、もう一度就業規則を見直しておきたいところです。

　パートやアルバイトに退職金を支払わないのであれば、上記の就業規則の場合「従業員(正社員よりも所定労働日が短い従業員、時給制の従業員、期間雇用の社員を除く)」と明確に定めておく必要があります。

　同様に、近年問題になりやすいのが、再雇用者に対する退職金です。60歳で一度退職した人を再雇用してさらに5年間働いてもらった場合、就業規則や契約書に明記していない限り、その5年間分に対して退職金を支払わなければならなくなる場合があります。

　再雇用者に退職金を支払わない場合は、明確に就業規則や契約書に記載しておく必要があります。

特殊な職業の退職金

　以前、ある宗教法人で起きた事例を紹介しましょう。
　その宗教法人の僧侶は、長年別団体から紹介されて勤務しており、特に契約書を交わしていませんでした。ですから、僧侶に対して就業規則を適用するという感覚はなく、過去に退職金を支払った例は一度もありませんでした。
　しかし法人の経営状態が思わしくなくなり、僧侶2名にリストラの宣告をしたところ、「退職金を支払ってくれ」と裁判を起こされたのです。確かにその法人の就業規則に「退職金の支払いは僧侶を除く」という一文はありませんでした。
　結果、法人側は敗訴しました。就業規則の記載ミスに対する裁判所の判断は厳しいものなので、十分注意しておいてください。

---

❸ さまざまな退職金制度

　これまでの中小企業の退職金制度は、「基本給×勤続年数×係数」といった基本給連動型の退職金制度を採用している会社がほとんどでした。しかし、これでは昇給によって退職金が雪だるま式に増えてしまい、経営に負荷がかかるので、退職金制度そのものを見直す会社も増えているようです。

　とりわけ今の時代は、「退職金を前倒しでもらいたい」というニーズも高いので、毎月の賃金に退職金を上乗せして支払う「前払い方式」を採用

する会社もありますし、賃金とは別の指標を設けて会社への貢献度を測る「ポイント制」を採用している会社もあります。

　また近年、大企業を中心に増えてきているのが「日本版401k」などの確定拠出型年金制度です。詳しい説明は省きますが、この制度は「自己責任」が前提であり、なおかつ運用により支給額が大きく変動します。従業員にとっての不利益変更となるかどうかが争われることが懸念されていますが、今のところ「401k」をめぐる紛争は少ないといえます。

❹ 退職金制度の変更は「最終手段」

　退職金制度の変更に当たっては、それが不利益変更かどうかが大きな問題となります。過去に退職金制度の不利益変更が認められた例は、ほとんどが倒産の危機、あるいは倒産の危機に匹敵する高度の必要性がある場合に限ります。

　退職金制度を不利益に変更することは、本当に使用者として最後の最後にしか認められないことを承知しておいてください。倒産の危機にあること、切り詰められる経費はすべて削減してきたことなどを説明しなければなりません。

❺ 災害・倒産時の賃金について

　東日本大震災のような大規模災害に見舞われ、どうしても通常営業できない場合や、計画停電などで工場設備が動かない場合などは「無給休業」が認められています。それらは、使用者の責任ではないからです。しかし、工場が半日でも動かせるのであれば、「無給」とはできないので、注意が必要です。

　また不本意ながら会社が倒産することとなった場合は、従業員から説明を求められることになるでしょう。それに対応するのも、人事担当者の大事な役目になります。

　一番重要なのは、「ひとまずどうするか」の的確な情報を伝えることです。たとえば、独立行政法人労働者健康安全機構による未払賃金の立替払制度などは、有用な情報となるでしょう。

　この制度は、倒産による退職日の6か月前の日から機構に対する立替

払請求の日の前日までの間に支払期限が到来している「定期賃金」および「退職手当」で、未払いのものに限り、立替払いをしてもらえるものです。

「未払賃金の立替払制度」の対象となる賃金の例

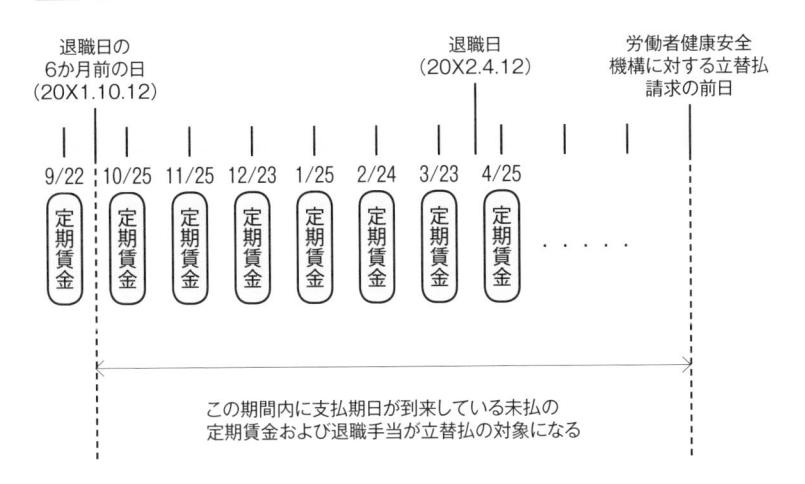

社員の当面の生活を守るうえではありがたい制度ですし、倒産時だけでなく、労基署が認定すれば災害による未払いにも適用されますので、人事担当者としては、ぜひとも把握しておきたい制度といえます。

労働基準監督署は
「未来を正す」役割をもつところ

　筆者の顧問先の運送会社に、ドライバーに対する未払い残業代を支払うよう労働基準監督署から指導が入ったことがありました。この指導に従えば、500万円程度の支払いが必要でした。

　筆者は「未払い残業代とは、あくまでも"過去"のものである。労基署は本来"未来を正す"役割であるはず」と考えています。今後こうした問題を起こさないために、どのような対策をとるかを文書にまとめて提出することにしました。

　過去に残業代をきちんと支払ってこなかったことに関しては、たしかに会社側に非がありますが、そもそもドライバーという職種を「時間」で管理すること自体に、多少の無理があるわけです。

　そこでその会社では、全車両に「デジタルタコメーター」を取り付けました。これはドライバーがエンジンをかけた瞬間から、走行時間や走行距離などが自動的に記録される機器ですが、積荷などで一時的に停車する場合も、ボタンを押せば「積荷時間」として記録されるというスグレモノです。そして先日、「今後はデジタコで客観的に管理するので、もう問題は起きないだろう」ということを、意見書として労基署に提出しました。その後、労基署から500万円を支払うよう指導を受けることはなくなりました。

　第1章のコラムにも書きましたが、労基署とは「未払残業代の支払いを命じる」機関ではありません。労働基準法という行政ルールが守られているかどうかを監督する立場にあります。だとしたら、500万円を未来の問題予防策に投じたほうが意味があると思うのです。

　ちなみに、労基署の指導に不服がある場合は、「文書」で意見を述べるのが有効です。筋が通っていて、整理された意見を文書で提出すれば、その後の労働基準監督署とのやりとりもスムーズになります。

第5章

労働時間・休日・休暇の法律と注意点

1 労働基準法と現実のギャップ

❶ 労働基準法は「工場労働者」を前提とした法律

　第1章で触れたとおり、労働基準法の前身は明治44年に誕生した「工場法」です。そもそもが工場労働者を対象にした法律ですから、労働基準法にもそれが色濃く残っています。もちろん、労働基準法は何度かの改定を重ねてはいますが、2019年から順次施行される改正労働基準法の施行においても、あくまでも"マイナーチェンジ"の域を出ることはなく、その根本は何ら変わっていません。

　仕事の多くが肉体労働を伴うものであった時代には、過酷な労働を強いようとする会社側から、立場の弱い労働者を守るための法律が必要でした。しかし、現代では多くの人が「ホワイトカラー」と呼ばれる頭脳労働者です。とりわけインターネットが登場してからは、営業マンでさえ、「足より頭を使え」とばかりパソコンの前に座っている時間が長くなりました。

　施行から70年以上が経過した今、日本の労働環境と労働基準法には大きな「ギャップ」が存在していると言わざるを得ないのです。

❷ 歩合給でも時給計算が原則

　第4章でも解説しましたが、会社の給料は「時給」を元に計算されています。月給制でも年俸制でも、ヘッドハンティングされた年収2,000万円超のトップコンサルタントも売上に応じた歩合給をもらっている営業マンも、会社側の労務管理上はすべて時給が基本になっています。歩合給の場合は、少し特殊な計算方法になりますが、それでも時給計算が原則です。

　第4章で解説した「最低賃金」も残業や休日出勤をした際の「割増賃金」も、時給を基準として算出していました(83ページ参照)。

　ここで、一般的な会社員の「時給」を計算してみることにしましょう。国税庁の「平成28年分 民間給与実態統計調査」によれば、民間企業で働くサラリーマンやパート従業員の平均年収は「422万円」だそうですから(平

成28年12月31日現在）、便宜上422万円として計算してみます。

　1か月当たりの平均所定労働時間を170時間と仮定し、年収額を「170時間×12か月」で割ると時給が算出できます。

$$4,220,000円 ÷ （170時間×12か月） = 2,068.63円$$

　時給は2,069円となります。時間外労働手当や休日出勤手当などは、すべてこの時給を元に計算されます。

　ちなみに、労働条件は同様で、年収1,000万円の人の時給はどうなるでしょうか。

$$10,000,000円 ÷ （170時間×12か月） = 4901.96円$$

　時給で約4,900円。30分で2,450円です。その社員がふとした時間にネットサーフィンに興じていたとしても、会社側はそのお金を支払い続けていることになるのです。ここから、経営側と労働側の感情のズレが生じることになります。

❸ 「成果に対して報酬を払う」という考え方

　以前、残業代をめぐる裁判で、裁量労働制を導入していない、ある小さなデザイン会社の経営者が突然キレてしまったことがありました。その経営者が見る限り、1人のデザイナーが、午前中はほとんどネットサーフィンに興じ、昼休みを挟んで打合せなどに出かけ、夕方から本腰を入れて業務に取り組むような毎日を過ごしていたそうです。ただし、パソコンの記録は一部を除いてデザイナー自身によって消去されており、証拠となるものは残っていませんでした。

　そのデザイナーに対する残業代を会社がすべて支払うべきかどうかを争ったわけですが、裁判の途中、たまりかねたその経営者は「ネットで遊んでいる時間にも給料払えって言うんですか！　そんなことしたら、うちみたい

な小さい会社は潰れますよ。そんなのおかしいでしょう！」と叫んだのです。

　裁判官は「労働基準法に関して、さまざまな見解があるのは十分理解しています。しかし、法律を守っていただくよう指導するのが私たちの仕事です」と返答しました。

　つまり、裁判官側も労働基準法が現状とズレているのは承知しているものの、労働基準法の原則のもとで判断されるのが現状なのです。

　ちなみに残業については後ほど解説しますが、タイムカードなどの証拠がある場合に、会社が残業代の支払いを免れるケースはほぼありません。本件では、全てのタイムカード打刻時間を労働時間と認めることはしませんでしたが、ネット閲覧履歴を消去したことを考慮して多少の残業代の減額が認められたのみでした。

2 労働基準法における労働時間

❶ 法定労働時間と時間外労働

　労働時間とは、「労働者が使用者の指揮下におかれる時間」をいいます。労働基準法第32条によって、現在では、1日について8時間かつ1週間について40時間を超えて労働させてはならないとされています。これを「法定労働時間」といいます。法定労働時間に休憩時間は含まれません。

　一方、法定労働時間の基準内で、各企業が就業規則などで任意に決めることができる労働時間を「所定労働時間」と呼びます。たとえば、「午前9時から午後5時まで（休憩時間1時間）」と決めている会社では、所定労働時間は7時間となり、法定労働時間とは1時間のズレが生じます。

　上記の会社で、仮に2時間の残業が発生したとしましょう。最初の1時間は法定労働時間8時間に満たない時間なので「法内残業」、その後の1時間は「法定労働時間外労働」と区別され、割増賃金の支払いとも関係してきます。「法内残業」分は割増分の支払いの必要はなく通常どおりの時給を支払います（次ページ図参照）。

　「法定労働時間外労働」になって初めて1.25倍以上の割増賃金を支払う義務が生じるのです。

❷ 労働基準法は残業を禁止している

　労働時間については、原則として労働者の残業は禁止である、ということを押さえておいてください。

　これも労働基準法誕生の歴史と深く関係しているのですが、かつては労働者を、ろくに休みも与えずに働かせていた時代がありました。健康をも害しかねないこの状況に対して、労働者を守るために労働基準法が施行されたのです。

　しかし、今では「残業代がないと生活できない」という労働者も増えています。労働の多くが肉体労働だった時代には、法律による労働時間の規

制が必要でしたが、現在のように一日中エアコンのきいた部屋でパソコンの前に座っている仕事が増えた中、ここにも法律と現実のギャップが色濃く存在しているのです。

　しかし、労働時間規制については、そう簡単に変えられないのが実情です。

法定労働時間と時間外労働　（所定労働時間が7時間の場合）

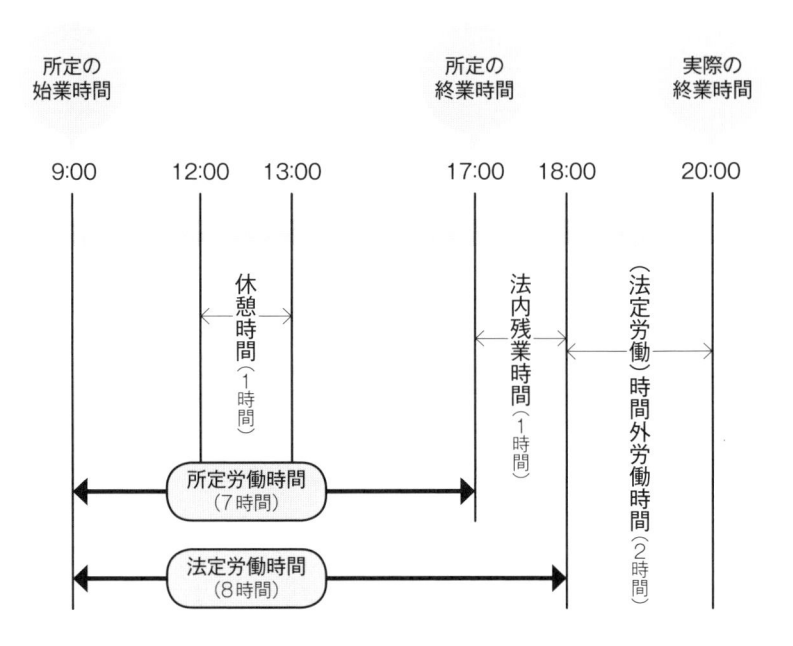

❸「36協定」で残業が可能になる

　とはいえ、「残業が違法」と言われても信じられないと思います。常に残業をすることが前提の会社も多いでしょう。

　どこの会社にも、程度の差こそあれ、仕事量に繁閑の差があるでしょう。残業や休日出勤が全くできないとなると、顧客に迷惑をかけないため、新しく人を雇わないといけません。しかし、一番忙しい時期に合わせて雇用してしまうと、暇な時期に遊ばせる人ができてしまいます。残業は、こうし

た雇用の調整弁的な役割を果たしているのです。人を新たに雇わなくても、残業を通じ繁忙期にあわせることができます。忙しければ残業を増やし、仕事が減れば残業を減らすことで対応できます。

　そこで、本来は禁止されている時間外労働と休日労働を可能にするための手続きが、いわゆる「36（サブロク）協定」です。労働基準法第36条に基づくためにこう呼ばれていますが、従業員の過半数で構成される労働組合もしくは従業員の過半数を代表する者と使用者の間で締結し、事業所を管轄する労働基準監督署に届け出る必要があります。36協定は「事業場単位」での締結・届出が必要ですので、1つの会社で別々の場所に支店などがある場合は、それぞれの事業所で手続きを行なう必要があります。

　また、一度届け出れば済むものではなく、有効期限がくると、そのつど届出が必要になります。労働基準法上の定めはありませんが、1年単位としている会社が多いようです。

　さらに36協定だけではなく、就業規則か雇用契約書に時間外労働を命じることができる旨の定めが必要です。ほとんどの就業規則に時間外労働を命じることができる旨の規定がありますので、実務上はあまり問題になっていません。

36協定のフォーム

様式第9号（第16条第1項関係）

時間外労働・休日労働に関する協定届

労働保険番号

法人番号

事業の種類	事業の名称	事業の所在地（電話番号）	協定の有効期間
金属製品製造業	日基工業株式会社市ヶ谷工場	（〒165-XXXX）東京都新宿区四谷3-2-12（電話番号：03-3268-XXXX）	○○年4月1日から1年間

	時間外労働をさせる必要のある具体的事由	業務の種類	労働者数（満18歳以上の者）	所定労働時間（1日）（任意）		延長することができる時間数		
							法定労働時間を超える時間数	所定労働時間を超える時間数（任意）

時間外労働

①下記②に該当しない労働者	臨時の受注、納期変更	月末の決算事務	事務	5人	1日8時間	1日	3時間	3時間
		製品管理	事務	5人	同上		3時間	3時間
						1箇月（①については45時間まで、②については42時間まで）	30時間	25時間
						1年（①については360時間まで、②については320時間まで）起算日（年月日）○○年4月1日	250時間	230時間
②1年単位の変形労働時間制により労働する労働者	臨時の受注、納期変更	機械組立	20人				20時間	20時間
							200時間	200時間

休日労働

	休日労働をさせる必要のある具体的事由	業務の種類	労働者数（満18歳以上の者）	所定休日（任意）	労働させることができる法定休日の日数	労働させることができる法定休日における始業及び終業の時刻
	臨時の受注、納期変更	機械組立	20人	毎週土曜・日曜	1か月に1日	9:00～18:00

上記で定める時間数にかかわらず、時間外労働及び休日労働を合算した時間数は、1箇月について100時間未満でなければならず、かつ2箇月から6箇月までを平均して80時間を超過しないこと。☑（チェックボックスに要チェック）

協定の成立年月日　○○年　3　月　20　日

協定の当事者である労働組合（事業場の労働者の過半数で組織する労働組合）の名称又は労働者の過半数を代表する者の　職名　経理課主任　氏名　日基　花子

協定の当事者（労働者の過半数を代表する者の場合）の選出方法（　投票による選挙　）

平成○○　年　3　月　25　日

使用者　職名　代表取締役社長　氏名　日基　太郎　㊞

　　　○○　労働基準監督署長　殿

❹ 36協定の時間に罰則付きの上限が設けられた

　2019（平成31）年4月1日から順次施行される改正労働基準法においては、時間外労働に罰則付きの上限が付くようになりました。これまでも時間外労働の限度に関する基準（平成10年労働省告示154号）というものがありましたが、法律でもなく罰則も付いていないことから強制力がありませんでした。労働基準法の改正により時間外労働の上限は以下のとおりとなります。

　これは、脳・心臓疾患の労災認定基準（いわゆる「過労死認定基準」）と平成10年労働省告示154号を併せて規定したものといえます。もともとの成り立ちが異なるため、時間外・休日労働の80時間や100時間の規制には休日労働が含まれるのに、月45時間や年360時間等の規制には休日労働が含まれません。この点は注意をする必要があります。

時間外労働の上限

- ・時間外限度基準告示の上限（月45時間、年360時間）を法律に格上げし義務化

- ・臨時的な特別の事情がある際に労働時間を延長させる場合について以下の規制を措置

  ①時間外労働は年720時間以内

  ②時間外・休日労働は月100時間未満

  ③2か月ないし6か月における期間の時間外・休日労働の平均を80時間以内

  ④時間外労働が月45時間を超える特例の適用を6回以内

- ・36協定における労働時間の延長は、1日、1か月、1年を対象期間とする

❺ 社員の健康を損なうと会社の責任が問われる

　残業が原因で万が一社員が過労死してしまったなどという場合には、当然ながら、残業時間が会社の責任に大きく関係してきます。すでに時

間外労働の上限基準の一部になっていますが、過労死の労災認定基準を簡単にまとめると、次のようになります。

　認定基準は、「発症前1か月間ないし6か月間にわたって、1か月当たりおおむね45時間を超える時間外労働が認められない場合は、業務と発症との関連性が弱い」が「おおむね45時間を超えて時間外労働が長くなるほど、業務と発症との関連性が徐々に強まると評価できる」「発症前1か月間におおむね100時間又は発症前2か月ないし6か月間にわたって、1か月当たりおおむね80時間を超える時間外労働が認められる場合は、業務と発症との関連性が強いと評価できる」としています。

　残業が企業経営を守るための調整弁的役割をしているとはいえ、常識的な限度があるというわけです。

　時間外労働の上限を守れず、その結果労働者が健康を損なった場合は、使用者側の責任が問われます。

3 労働時間の諸制度

❶ 労働時間の原則と例外

　労働基準法における法定労働時間が「1日8時間、1週40時間」であることは、あくまでも原則の話です。これでは現実問題として業務が円滑に回らない仕事もあるため、あらかじめいくつかの「例外」が用意されています。

　医療機関で働く看護師など、24時間体制で勤務しなければならない仕事では、シフトが固定しないことが大半です。ある日は午後8時から翌朝8時までの夜勤、翌日は休み、その翌日は日勤で朝9時から夕方5時までというような変則的な形式で働いているわけです。こうした労働形態を「変形労働時間制」と呼びます。

　一方、営業職のように、外勤であるために使用者側が容易に勤怠管理ができない職種の場合には「みなし労働時間制」を適用している会社も少なくありません。これは、労働者を「あらかじめ一定の時間労働したもの」とみなして管理することができる制度です。

　こうした例外的な形式を採用する場合には、就業規則に明記し、あらかじめ労使協定を締結した上で所轄の労働基準監督署に届出をするといったことが必要です。それぞれ詳しくみていきましょう。

❷ 変形労働時間制

　変形労働時間制は、どこで帳尻を合わせるかによって、「1か月単位」または「1年単位」と「フレックスタイム制」に分かれます。

　「1か月単位の変形労働時間制」とは、たとえば先の看護師のように変則的な勤務が必要になるような職種でよく使われ、1か月以内の一定期間を平均して1週間当たりの労働時間が1週40時間を超えない定めをした場合には、1週間40時間、1日8時間を超えて労働させることができるという制度です。要するに、1か月単位で1週40時間を超えないように

シフトを組む限りは、平均1日9時間や1週間45時間働いても残業代が発生しないという制度です。変形期間は、1か月以内であれば、1週間でも2週間でもかまいませんが、期間内の法定労働時間を超えないように、たとえば「早番」「遅番」などのシフトを組んで、始業と終業の時間を管理します。

「1年単位の変形労働時間制」は、たとえばアイスクリーム販売業者のように、季節的に仕事の波が激しい業界でメリットがある制度です。夏の繁忙期には休日を最低限に抑え、出勤日には長時間働いてもらいますが、その代わり冬休みを長くしたり、冬季の勤務時間を短くしたりすることが可能なので、労働時間と実体を合わせることができます。

「フレックスタイム制」は、たとえば1か月の総労働時間だけを決め、毎日の出社や退社の時刻は労働者に委ねるというスタイルです。この制度が導入された当初は「新しい働き方」として大いに話題になりましたが、実態としてはあまり日本の企業風土に馴染んでいない感もあります。

2019(平成31)年4月施行の改正労働基準法では、これまで1か月であった「フレックスタイム制」の清算期間を最長3か月に設定できるようになりました。そのため、月をまたいで柔軟な勤務をしてもらうことが可能となります。

変形労働時間制の種類

- ・1か月単位の変形労働時間制
- ・1年単位の変形労働時間制
- ・フレックスタイム制
  など

❸ 事業場外労働に関するみなし労働時間制

たとえば営業職などの場合、「見えないところで12時間は働いています」と言われても、ハッキリとした労働時間を把握することができないため、言われたとおりに労働時間をカウントするのは不合理だといえます。そうした場合に「事業場外労働に関するみなし労働時間制」を採用することができ

ます。これは指導者の具体的な指揮監督が及ばず、労働時間を算定することが難しい場合に、一定時間労働したものとみなすことができる制度です。

ただし、この制度はあくまで「使用者が労働者の労働時間を算定することが難しい」ことを条件に認められる制度です。今は会社から専用の携帯電話を支給してGPSで位置確認するとか、逐次通話やメールで上司が指示をするなど、外勤社員の管理が可能な時代なので、その適用が厳しく規制されるようになりました。

裁判においても、使用者側が負けるケースがあります。ですから、「外回りの多い営業職だから、残業代を払わないためにみなし労働時間制を導入しよう」などと安易に考えないようにしてください。

今回の働き方改革の一環として、政府は在宅勤務（テレワーク）を推奨しています。子育てや家事、介護等と両立しやすく、柔軟な働き方ができるためです。在宅勤務は事業場外みなし労働時間制を導入しやすいといえます。たとえば、子どもをあやしながらパソコンで仕事をしたりすることがあり、在宅での私生活と労働時間の境目が曖昧で正確な労働時間の判定が難しい場合などで、比較的緩やかな要件で事業場外みなし労働時間制を導入することができます（「情報通信技術を利用した事業場外勤務の適切な導入及び実施のためのガイドライン」を参照ください）。

❹ 裁量労働制

一方、内勤者にも適用されるみなし労働時間制度が、裁量労働制です。たとえば商品開発などの研究開発職や、デザイン、コピーライティングなどのクリエイティブ職は、労働時間と成果が一致するものではありませんので、職種を限定して、時給に縛られない労働スタイルが認められているのです。内容によって「専門業務型裁量労働制」と「企画業務型裁量労働制」の２種類があります。

制度の導入に当たっては、まず、次ページ表の業務のうち、自社でこの制度を採用する業務ごとの「みなし労働時間」を設定します。同時に対象となる労働者の状況に応じて、健康・福祉を確保するための措置と、労働者からの苦情を処理するために実施する措置を明確にする必要があ

ります。

　このスタイルで働いてもらう者に対しては、業務遂行の手順や時間配分等について、使用者が具体的な指示や命令をすることは禁じられているので注意してください。

　それらの準備が整ったら、有効期間を設定して「労使協定」を締結し、所轄の労働基準監督署に届け出ます。

裁量労働制対象業務一覧

① 新商品、新技術の研究開発の業務

② 情報処理システムの分析、設計の業務

③ 取材、編集の業務

④ デザイナーの業務

⑤ プロデューサー、ディレクターの業務

⑥ コピーライターの業務

⑦ 公認会計士の業務

⑧ 弁護士の業務

⑨ 建築士（1級建築士、2級建築士または木造建築士）の業務

⑩ 不動産鑑定士の業務

⑪ 弁理士の業務

⑫ システムコンサルタントの業務

⑬ インテリアコーディネーターの業務

⑭ ゲーム用ソフトウェアの創作の業務

⑮ 証券アナリストの業務

⑯ デリバティブ商品の開発の業務

⑰ 税理士の業務

⑱ 中小企業診断士の業務

⑲ 大学での教授研究の業務

　先に、裁判でキレてしまったデザイン会社の経営者に触れましたが、この会社も専門業務型裁量労働制を採用しておけば、多額の残業代を支払うような結果にはならなかったと思います。

　ただし、「裁量労働制」を適用していたとしても、深夜残業と休日出勤手当については必ず支払わないといけません。

　また先にも触れたように、この制度の導入要件として「その業務の性質上、業務遂行の手段や時間配分などに関し、使用者が具体的な指示をしない」というものがあります。会社の経営者によっては、性格上「具体的な指示をしない」ではいられないような方もいらっしゃいますので、ここはかなり重要なポイントです。

　たとえばデザイナー職で採用した人に朝9時からの朝礼への出席を義務づけたり、終業時刻よりも早く帰宅した場合に賃金カットをしたようなケースでは、導入要件に反するわけです。

　就業規則も改定し、労使協定も結んで届出も済ませ、書類上は完璧に見えても、裁判を起こされると簡単に負けてしまうので、気をつけたい部分です。

　一方の企画業務型裁量労働制は、平成になってからできた制度です。本社や本店に所属し、たとえば経営企画室や経営戦略室など、経営に携わる企画立案・調査分析などを担当するホワイトカラーを対象にしたものです。

　しかし、その導入要件は、労使委員会を設置してその5分の4の賛成を得て、かつ個々の労働者の同意が必要になるなどかなり厳しいものです。事実上、大企業しか導入できない制度なので、経営のほとんどを社長が一手に担う中小・中堅企業では、ほぼ使われていないのが実情です。

4　いろいろな労働時間

❶「手待ち時間」と「準備時間」

　唐突ですが、寿司屋の店員が、いつ来店するともわからないお客を待ってカウンターにスタンバイしている時間は、労働時間だと思いますか。

　労働時間とは、労働者が使用者の指揮下におかれる時間のことで、「拘束時間」から「休憩時間」を引いたものと解釈できます。ただし実際は、労働時間が必ずしも実作業時間と一致しないことも少なくないでしょう。

　寿司職人の例で言えば、たしかに立っているだけかもしれませんが、休憩しているわけでもない状態です。このような時間を「手待ち時間」といい、「労働から解放されていない」という見解から、労働時間になります。

　では、パソコンを立ち上げるなど、仕事のための「準備時間」に関してはどうでしょう。過去に、「作業服および保護具を装着する時間は労働時間かどうか」が争われた裁判がありました[※]。これは、「作業服および保護具等を決められた場所でつけなさい」と使用者が指示していたため、その時間も労働時間であると判断されました。

　一方、同じ5分でも、9時始業の会社である社員が自主的に毎日8時55分に出社してパソコンを立ち上げている場合はどうでしょう。これは労働時間にはなりません。なぜなら使用者側の指示は「9時から仕事を始める」ことであり、その時間までにPCを立ち上げて仕事の準備をすることまでは求めていないからです。

　このように労働時間とは、使用者の指示内容で決まるものなのです。

❷ 住み込み管理人の労働時間

　かつて、不動産管理業界を震撼させた裁判がありました。とあるマンションの住み込み管理人が「自分に休憩時間はない。早朝から夜寝るまで住

※　三菱重工長崎造船所事件　平成12.3.9 最高裁判決

民サービスのため待機をしていた」と訴え、その訴えが認められたのです。

　その管理人は会社の業務マニュアルにもとづき、宅配便の受取りなどを義務づけられたため管理人室で待機を迫られたと訴えました。なぜこの訴えが認められたかというと、要するにマンションの管理会社が管理人の労働実態を「黙認」していた部分があるからです。競争が激化していた業界内で、「なんでもやってくれる管理人付きマンション」は大きなアドバンテージになったのです。

　口には出さないまでも、使用者側が管理人に対して過剰サービスを示唆していた部分があり、管理日報などに会社は目を通していたはずで、管理人の仕事ぶりは管理会社も把握していたと判断されました。

　つまり、「労働者が勝手にやったことなので残業代は払えません」は通らないわけです。

❸ 労働時間と判断されないための処置

　住み込みマンションの管理人すべてに、早朝から夜寝るまでが労働時間であると認められるかというと、決してそんなことはありません。

　マンションの管理会社になったつもりで考えてみてください。管理人室の前に「管理人の対応時間は朝9時から夕方6時まで。それ以外の時間はこちらにお電話ください」と貼紙をして、マンション管理会社の電話番号を明記しておくのです。この貼紙どおりの対応をしていれば、上記の時間以外を労働時間と認めるわけにはいきません。

　また、ビルの管理人などの場合も同じです。たとえば3人体制で勤務していて、1人は確実に休憩や仮眠が取れ、仕事のために起こされない状態であるなどの場合も、拘束時間から休憩時間を引いて問題ありません。

　しかし実際のところ余裕のあるシフトを組める会社は少ないので、2人体制だった場合、たとえ1人が仮眠していても「いつ緊急ブザーで起こされるかわからない状態」に置かれていることもあるかもしれません。そのような場合は、仮眠も労働時間に当たると判断されます。

　つまり使用者側としては、労働者が常に安心して休憩できるような体制を整える責任がある、というわけです。問われるのは常に、使用者側の管理体制だと覚えておいてください。

5　実務上の残業の管理方法

❶「労働時間の適正な把握のために使用者が講ずべき措置に関するガイドライン」と労働時間の状況の把握義務

（1）労働時間把握のためのガイドライン

　「労働時間の適正な把握のために使用者が講ずべき措置に関するガイドライン」（以下、「労働時間把握のためのガイドライン」）が2017年1月20日に出されました。

　労働時間把握のためのガイドラインでは労働時間の考え方を改めて明記して、労働時間の自己申告制の場合に講じるべき措置を設定しました。

　労働時間把握のためのガイドラインでは、これまでの最高裁判例を踏襲して、労働時間とは使用者の指揮命令下に置かれている時間であり、使用者の明示又は黙示の指示により労働者が業務に従事する時間を労働時間としています。具体例として以下の3つは労働時間として取り扱うこととしています。全て裁判例で確立している内容ですが、まだまだ以下の時間を労働時間と扱っていない事例が世の中にはたくさんありますので、注意が必要です。

　「ア　使用者の指示により、就業を命じられた業務に必要な準備行為（着用を義務付けられた所定の服装への着替え等）や業務終了後の業務に関連した後始末（清掃 等）を事業場内において行った時間
　イ　使用者の指示があった場合には即時に業務に従事することを求められており、労働から離れることが保障されていない状態で待機等している時間（いわゆる「手待時間」）
　ウ　参加することが業務上義務づけられている研修・教育訓練の受講や、使用者の指示により業務に必要な学習等を行っていた時間」

　労働時間の確認と記録の方法は、これまでも自己申告制は一定の要件で認められてきましたが、自己申告制を用いる場合は、以下の4つの措置を講じなければならなくなりました。とても厳しい基準であり、自己申告制の方法について講習を開いたり、定期的にパソコンのログオン・ログオフ時間と照合して場合によっては訂正等しなければなりません。

「ア　自己申告制の対象となる労働者に対して、本ガイドラインを踏まえ、労働時間の実態を正しく記録し、適正に自己申告を行うことなどについて十分な説明を行うこと。
イ　実際に労働時間を管理する者に対して、自己申告制の適正な運用を含め、本ガイドラインに従い講ずべき措置について十分な説明を行うこと。
ウ　自己申告により把握した労働時間が実際の労働時間と合致しているか否かについて、必要に応じて実態調査を実施し、所要の労働時間の補正をすること。
　特に、入退場記録やパソコンの使用時間の記録など、事業場内にいた時間の分かるデータを有している場合に、労働者からの自己申告により把握した労働時間と当該データで分かった事業場内にいた時間との間に著しい乖離が生じているときには、実態調査を実施し、所要の労働時間の補正をすること。
エ　自己申告した労働時間を超えて事業場内にいる時間について、その理由等を労働者に報告させる場合には、当該報告が適正に行われているかについて確認すること。
　その際、休憩や自主的な研修、教育訓練、学習等であるため労働時間ではないと報告されていても、実際には、使用者の指示により業務に従事しているなど使用者の指揮命令下に置かれていたと認められる時間については、労働時間として扱わなければならないこと。」

(2)労働時間の状況の把握義務

　2019年4月1日から、使用者は従業員の健康管理のために労働時間の状況の把握を行なわないといけなくなりました(労働安全衛生法第

66 条の8の3)。

「労働時間の状況の把握」は労働時間そのものの管理とは厳密には異なるので(実際にはほとんど同じですが「労働時間」よりは「拘束時間」により近い内容です)、一般に労働時間の管理がしづらいといわれている管理職(管理監督者)についても労働時間の状況の把握をしないといけません。さらに、裁量労働制適用対象者と事業場外みなし労働時間制適用対象者についても労働時間の状況の把握が必要となります。

　とても会社にとって厳しい点は自己申告による労働時間の状況の把握が原則不可と定めたことです。はっきり「自己申告は原則だめ」とは書いていないのですが、書いてあることを読めば自己申告による労働時間の状況の把握は原則不可となる内容となりました。

　労働時間の状況の把握方法について、「やむを得ず客観的な方法により把握し難い場合」以外は自己申告による管理は認めないとしており、「やむを得ず客観的な方法により把握し難い場合」としては、たとえば、「労働者が事業場外において行う業務に直行又は直帰する場合など、事業者の現認を含め、労働時間の状況を客観的に把握する手段がない場合」を挙げています。

　また、「タイムカードによる出退勤時刻や入退室時刻の記録やパーソナルコンピュータの使用時間の記録などのデータを有する場合や事業者の現認により当該労働者の労働時間を把握できる場合にもかかわらず、自己申告による把握のみにより労働時間の状況を把握すること」は、認められないとしています。そのため、通常のデスクワークの業務では事実上自己申告による把握のみの労働時間の状況の把握は許されなくなります。

❷ 「残業代はいりません」との念書は有効か

　ご存じのとおり、近年、労働者が残業代の支払いを求める裁判が増えています。結果的に会社側が敗訴に追い込まれることがほとんどです。年収の多い人の場合、2年分の未払残業代が500万円を超えることもあります。残業代の不払いは、会社に予期しない多額の金銭的リスクを突然にもたらすのです。

　極端な場合、入社のときに「残業代はいりません」と念書を書かせる会社もありますが、いざ裁判になると、こうした念書は民法第90条の公序良俗に反する合意である、その他労働基準法第37条（割増賃金）の趣旨に反する合意として無効になる可能性が高いといえます。

　なぜなら、これから入社しようという時点での使用者は、労働者より圧倒的に強い存在ですし、将来的にいつどれだけ発生するともわからない残業代を、入社時に一貫して放棄させるという行為自体も反社会的であると見られてしまいます。運送会社のドライバーの採用時などによくあるケースなのですが、このあたりも気をつけたいものです。

❸ 残業を禁止することは可能か

　では会社側はどうすればいいのでしょうか。本来、残業は禁止されているものなので、残業を禁止すること自体は何ら問題はありません。まず「うちの会社は残業を認めません」もしくは「午後7時以降の残業は認めません」と、社内に周知徹底させることが重要です。メールでもよいので、社員全員に「残業禁止」の通知を出すとか、社内のよく見える位置に貼紙をするなどの努力をしてください。

　しかし、それだけでは不十分です。いざ裁判になると、残業禁止とはいっても、会社は残業している人を放置していたので、黙示に残業を指示していた、といわれます。「使用者側が積極的に残業を禁止するための措置をとったかどうか」が問われるのです。そのためには、定期的な見回りなど、手間もコストもかかります。ある程度の規模の会社になると、とても人事担当者1人で管理するのは無理ですから、たとえば「残業撲滅プロジェクト」を立ち上げるなど、チームで臨む態勢も必要になってくるでしょう。

❸ だらだら会社に残れば残業になる!?

　実際によく問題になるのは、だらだらと残業していた社員が、残業代請求の裁判を起こすケースです。会社側が「いやいや、○○さんは会社に残っていただけで、残業はしていない」と主張しても、当然その社員は「仕事はしていました」と反論します。退社時刻を記録したタイムカー

ドはきちんと残っていたとしましょう。

　こうした場合、どちらの言い分が認められるでしょうか。裁判ではよく
あることですが、一般的には訴えを起こした原告側がその証拠を提出
しなければならないとするのが、民事訴訟法上の基本原則です。

　たとえば、「お金の貸した、貸さない」を争う裁判で考えてみましょう。
原告側は100万円を「貸した」と主張しますが、被告は「もらった」と反
論します。こういうふうに白黒はっきりしないケースでは、実務上原告が
証明する義務があるのです。借用書がない場合には、過去のメール
や留守番電話の録音など、何らかの証拠を自力で探す必要が出てきま
す。そして、原告が、その証拠を提出できない場合に、原告がお金を
貸したかどうか裁判所が確信を持てないときは、被告が勝つと決まって
いるのです。

　この原則を先の残業代裁判に当てはめると、原告である社員側に証
拠提出の義務があることになります。タイムカードがあっても、会社側が「同
僚とだらだらおしゃべりしてからタイムカードを押していた。確かに会社に
いたことの証拠にはなるが、仕事をしていた証拠にはならない」と主張し
た場合、厳密に言えば残業をしていたかどうかはわかりません。

　先の原則で言えば、会社側が勝つことになるはずです。しかし、労
働裁判においては、労働者が証明しなければならない事実のハードル
は相当下げられており、タイムカードがあれば、ほとんどのケースで原
告側が請求する残業代が認められます。

　社員側に、タイムカードはもちろん、日記、退社時間のメモ、電話の
履歴、パソコンのログなどがあれば、ほとんどのケースで労働者が残業
をしていたと認められてしまうのです。

　これに対抗するには、先にも述べたように「使用者側の管理監督の
姿勢」を強化するしかありません。おしゃべりして帰ろうとしない従業員
には口頭で注意する、あまりにもひどい場合は文書で注意する、定期
的にPCのログとタイムカードをチェックするなど、ある程度手間をかけな
ければなりません。日本で人を使う以上、労働時間管理は使用者の責
任なのです。漫然と人を使った場合、そのつけは使用者が負うことにな
ります。

　ちなみに、「残業の事前許可制」を採っていても同じことです。１時間の申請をして、仮に２時間の残業になってしまった場合には、２時間分の残業代を支払う必要が出てきます。使用者が黙認して２時間の残業を許可したという解釈です。ここでも使用者は１時間を過ぎた時点で、帰るように促したかどうかという使用者の労働時間管理責任が問われるのです。

6　休日・休暇について

❶ 休日と休暇・休業の違い

　休日・休暇・休業は、賃金の問題と深くかかわってきますので、詳しくみていくことにしましょう。一般的には「休日」と「休暇」の使い分けはあいまいになりがちですが、労働法上は大きく意味合いが異なります。

　休日とは「労働の義務がない日」という意味で、労働者の意思にかかわらず「休まなければならない日」のことです。

　一方、休暇とは「労働者が申請することにより労働の義務から離れることのできる日」という意味です。たとえば「有給休暇」は休日ではないものの、労働者の選択により仕事を休むことができるものです。

　また、「休業」というものがありますが、これは「休日ではないが、労働することができなくなる日」という意味です。

休日・休暇・休業の概念

休みの種類	言葉の意味するところ	給料
休日	労働の義務がない日	無給
休暇	労働者が申請することにより労働の義務から離れることのできる日	無給と有給がある
休業	労働義務があるにもかかわらず労働ができなくなる日	無給と有給がある

❷ 休日には2種類ある

　労働基準法では「毎週少なくとも1日の休日を与えなければならない」と定められています。その「1日」の意味するところは、暦の上での1日、つまり0時から24時までの丸一日を指します。

　業務の都合などでどうしても毎週1回の休日を与えることが難しい場合「4週を通じて4日以上」でも認められています。このように労働基準法で義務付けられた休日を「法定休日」と呼びます。一方、会社の創立記念日や夏休みなど、就業規則などで労使が自主的に定めた休日を「法定外休日」と呼び、「法定休日」と明確に区別して扱います。

❸ 使用者に配慮された休日制度

　近年は週休2日の会社が増えているため、週休2日制が労働者の権利として認められているかのように誤解されているところがあります。法定労働時間の「1日8時間・週40時間」を40÷8＝5と解釈し、「週5日働けばよい」と考えがちですが、これは法律の意味するところではありません。

　たとえば飲食店などでは、週に2日は6時間、週に4日は7時間勤務としているケースが少なくありません。つまり週6日出勤となるわけですが、所定労働時間が「1日8時間以内であり週に40時間」をクリアしているので、何ら問題はないわけです。

週40時間労働のシフト例

曜日	月曜	火曜	水曜	木曜	金曜	土曜	日曜
シフト	9:00〜16:00	9:00〜16:00	13:00〜21:00	13:00〜21:00	13:00〜21:00	13:00〜21:00	休日
労働時間	6時間	6時間	7時間	7時間	7時間	7時間	

　前出の「4週に4日以上の休日を与えればよい」というのも、非常にフレキシブルです。極端に言えば、24日連続で勤務させたとしても、時間外労働の上限規制を守っており、かつその後に4日の休日を与えれば違法とはされません。

　日本の労働法は、休日についてはかなり使用者に配慮した制度であるといえるのです。

❹ 休暇にも2種類ある

　休暇にも「有給」と「無給」の2種類があります。労働基準法では、雇い入れた日から6か月間勤務し、かつ全労働日の8割以上出勤していれば、使用者は労働者に「年次有給休暇」を与えなければならないとされています。労働者からすれば、最低でも半年間働かない限り、自己都合で会社を休んだ場合は、その休日について無給になるということです。

　6か月が過ぎると、まず10日の有給休暇が発生します。その後2年間は、勤続1年ごとに1日ずつ増えていき、3年6か月を過ぎると2日ずつ増えていきます（下図参照）。

　また、「年次有給休暇」はパートタイマーに対しても与える必要があるので注意が必要です。週の所定労働日によって日数は変わりますが、たとえ週1日の勤務でも、半年を過ぎたら1日の有給休暇を与える必要があります。

年次有給休暇の付与日数（通常の労働者）

勤続年数	付与日数	勤続年数	付与日数
6か月	10日	4年6か月	16日
1年6か月	11日	5年6か月	18日
2年6か月	12日	6年6か月〜	20日
3年6か月	14日		

❺ 有給休暇は使用者にとって厳しい制度

　この年次有給休暇は、使用者側の立場からすると非常に厳しい制度であるといえます。なぜなら、労働者の有給休暇の申請に対しては、使用者は基本的に拒むことができないからです。

　労働基準法の建前上は、「事業の正常な運営を妨げる場合は、時季を指定して別の日に休むよう使用者が指定できる」とする「時季変更権」が認められていますが、この「事業の正常な運営を妨げる場合」は非常に限定的に判断されます。

　たとえば中小企業においては、余裕を持った人員配置をしている会社は多くありません。3人の部署で1人が休めば、当然業務が滞ることにな

りますが、こうした慢性的な人手不足の場合は、「事業の正常な運営を妨げる場合」には当たらないのです。

労働組合などがある場合、「有給休暇は、取りたい時には必ず取れるようにしてくれ」などという要求を突きつけられるケースもありますが、「基本的に会社に有給休暇の申請を断る権利はない」と覚えておいてください。

ただし、社会通念上あまりに不適切な要求まで通るわけではありません。社員が「1か月に24日の連続した有給」を請求し、会社が「後半の12日は別の時季にしてくれ」と指定したことを発端とする裁判では、労働者が長期間連続して年休を取る場合には使用者の事前調整が必要であり、そのような調整がない場合は、時季変更権の行使をしてもよいとされるケースがあり、この場合はこれに当たるとして、珍しく会社側が勝訴しています[※]。

2019(平成31)年4月1日から施行される改正労働基準法では、年10日以上法定年次有給休暇が付与される社員については、会社は5日以上年次有給休暇を取得させる罰則付きの義務が課せられます。これまでと大きく異なるのは、この5日の義務の範囲で会社が社員に「この時季に法定年次有給休暇を取得しなさい」と指定して法定年次有給休暇を取得させることができるのです。会社は社員の意見を聴かないといけませんが、社員の意見を尊重するのは努力義務に留まり、社員と取得時期について意見が合わなくとも、「話し合いでは残念ながらまとまらなかったけども、当社の閑散期である○月○日から○月○日まで法定年次有給休暇を取得しなさい」と指定することができます。

もっとも、この5日の義務は、社員が自主的に法定年次有給休暇を時季を指定して取得することでも足ります。多くの企業では、社員の意見も聴きながら計画的に法定年次有給休暇を消化することになると思います。

❻ 休業にも2種類ある

2011年の夏は、東日本大震災の影響により、節電のために休業する会社も多くありました。この休業にも「有給」と「無給」の区別があります。

無給にできるのは、先の震災で多くみられたように、大規模な天災でど

※　時事通信社事件　平成4.6.23 最高裁判決

うしても工場を稼動できない場合や、計画停電などで工場設備が全く稼
働しない場合など、会社側の責任が問われない場合に限られます。
　一方「不景気なので半月休業する」ような場合は、広い意味では会社
の都合であるため、6割以上の平均賃金を支払う義務が発生します。
節電のための休業もここに該当し、工場が半日でも動かせるのであれば、
無給にはできません。
　一般に、使用者の都合で休業にする場合は平均賃金の6割以上の
賃金を支払う必要がありますが、この「6割以上」という表現も誤解が多
い部分です。
　平均賃金の6割以上を支払っていれば違法とはならず労働基準監督
署から指導が入ることはありませんが、平均賃金の6割〜全額の範囲内
でどの割合で支払うかは、就業規則もしくは雇用契約で決めるものである
ため、平均賃金の6割さえ支払えばよいというものではありません。裏返
して言えば、就業規則にも雇用契約にも定めがなければ、10割の平均
賃金を支払う必要があります。この点は誤解が多いので注意が必要です。

7 　時間外労働・休日出勤手当の払い方

❶「30分未満の残業代切捨てOK」は間違い

　日本の労働法は基本的に残業を禁止しているものの、現実問題としてそれでは業務が円滑に回らないため、就業規則か雇用契約書上残業ができるとの規定があり、かつ36協定を結べば時間外労働が可能になることは先に述べたとおりです。

　ただし、時間外労働が発生した場合に支払う割増手当について、「30分未満の残業代は切り捨ててよい」と認識されているケースが多いのですが、法律上これは間違いです。残業代は原則として「1分単位」で発生するものです。

　とはいえ、分単位で残業代を計算するのは大きな手間がかかります。そこで、1か月残業時間を集計したうえで、「30分未満の残業代は切り捨て」、ただし「30分以上の残業代は切り上げ」をセットで導入すれば問題ありません。

❷ 時間外手当と休日出勤手当

　法定労働時間を超えた労働、もしくは休日の労働が発生した場合は、使用者は労働者に対して割増賃金を支払う義務が発生します。時間外労働に対しては「25%以上」、それが深夜(午後10時から翌朝5時まで)に及ぶ場合には、さらに「25%」を加算する必要があります。

　休日出勤に関しては、出勤日が「法定休日」か「法定外休日」かで割増率が変わり、「法定休日」の場合は「35%」、「法定外休日」の場合は「25%」です。

　たとえば土日の週休2日制の会社で土曜日出勤させた場合、週に1回の「法定休日」は確保されていますので、土曜は会社の就業規則で定められた「法定外休日」とされ、25%の支払いとなります。

時間外労働と休日労働の割増率

❶ **時間外労働**

25％以上50％以下
- 1か月45時間以上60時間未満の場合は25％超とする努力義務
- 1か月60時間を超えると50％以上（ただし、中小企業には猶予措置あり）

❷ **休日労働**

35％以上50％以下

❶＋❸→50％以上（1か月60時間を超えると75％以上）

❷＋❸→60％以上

❸ **深夜労働**（午後10時～翌朝午前5時）

25％以上

割増率

❸ 振替休日と代替休日

　割増賃金を支払う代わりに、別の日に休みを与える方法が「休日振替」です。これは、たとえば「次の日曜に出勤する代わりに、その週の木曜を休日にする」とあらかじめ決めておく制度です。

　この"あらかじめ"というのがポイントで、休日と平日を交換したわけですから、この労働者のその週の休日は木曜となり、代わりに日曜が通常の労働日となるため、日曜に割増賃金は発生しないのです。

　「振替」という表現が誤解を生みやすいようですが、「振替」＝「チェンジ」と考えてください。休日出勤をしなければいけない場合は「あらかじめ休日をチェンジしておく」というのが休日振替です。

　これとよく誤解されるのが「代替休日」です。先ほどの例で言えば、あらかじめ休日と平日をチェンジする約束をせずに、日曜に出勤した代わりに翌週木曜を休むことを意味します。休日出勤となる日曜に対しては、当然に割増賃金を支払う必要が出てきます。

　つまり、使用者側が少しでも人件費を抑えるためには、「休日振替」を行なえるように社内規定を整備する必要があるのです。

振休と代休の違い

休日振替

日曜日に出勤し、その週の水曜日に休日を振り替える
➡本来の休日（日曜日）と本来の労働日（水曜日）をあらかじめチェンジ！

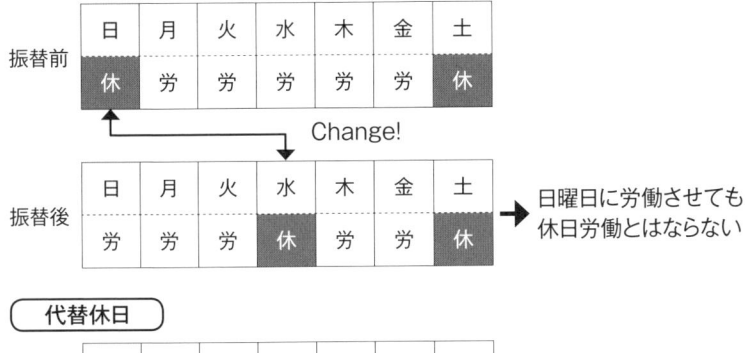

代替休日

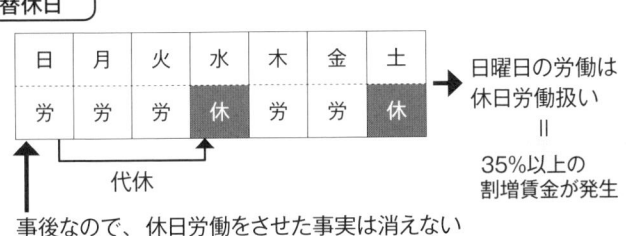

事後なので、休日労働をさせた事実は消えない

❹ 残業代を「定額」で払う方法

　近年、とりわけ中小企業における経費節減策として「定額残業制」を導入する会社が増えてきています。定額残業制とは、読んで字のごとくあらかじめ一定額の残業代を支払う制度です。

　たとえば、月給30万円で雇っていた社員がいるとしましょう。月の所定労働時間が160時間だとすると、時給は1,875円です。しかし、この時給では残業代が多額になり、残業代を支払えない企業もあるかもしれません。そこで、この月給30万円を、「25万円が基本給で5万円は固定残業代」と区分します。

　すると、残業がゼロだった場合も、固定残業代5万円を支払う必要が出てきますが、その代わり「25万円÷160時間＝1,563円」と時給が大きく下がり、かつ、5万円の残業代は支払ったことになりますので会社の負担

は減ります。もっとも、5万円分以上の残業代が発生すれば、5万円を超えた部分の残業代を支払う必要があります。

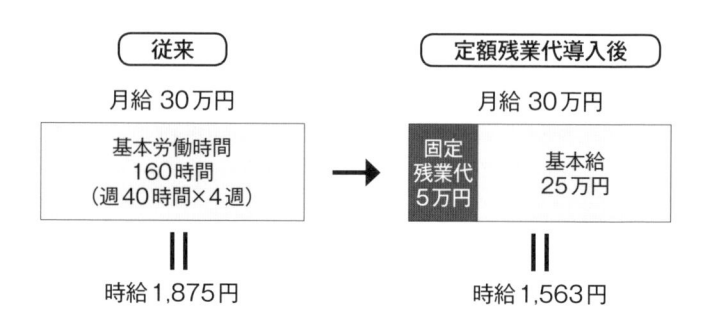

定額残業代のしくみ

（従来）
月給 30万円

| 基本労働時間 160時間（週40時間×4週） |

＝

時給1,875円

（定額残業代導入後）
月給 30万円

| 固定残業代5万円 | 基本給25万円 |

＝

時給1,563円

❺「定額残業代」導入の注意点

　ただし、入社後に定額残業代制度を導入することは労働者にとっては不利益な変更になります。労働契約で、「最初に交わした約束」は、簡単に変更することはできません。つまり時給1,875円で働くことを会社と労働者が約束しているわけですから、この約束を一方的に破ることは原則としてできません。特にこの事例では、時給1,875円から時給1,563円に不利に変更されるので、労働者の同意が必要です。実務上、同意は文書でとる必要があります。労働者の所属する労働組合の同意を得ても、もちろんかまいません。このように労働契約が労働者にとって不利益に変更される場合には、労働者に「拒否権」があります。

　そうは言っても会社が倒産しては元も子もありませんので、例外的に契約内容を変更する手段が用意されています。就業規則を変更しても、その変更が合理的な場合は、変更に反対した人も就業規則に従わなければなりません。

　どのような場合が「合理的」な就業規則の変更といえるかといえば、制度を変更しないと残業代の支払いで会社が倒産してしまうなど、かなり必要性の高い場合に限られると思われますので、多くの場合は、労働者または労働組合の同意を得る必要があります。

「定額残業代」の導入要件

① 本給と定額残業代部分が明確に分かれている

⬇

② 実際の残業代との差額を支払うという条項を盛り込み、就業規則または雇用契約書を変更する

⬇

③ 労働者または労働組合の同意を得る

残業問題は

契約問題でもある

　未払残業代のトラブルになる事例のほとんどが、給料のうちどこまでが残業代なのか区分がつかず、「給料は残業代込みで支払っている」などと曖昧に約束（契約）していたりします。

　給料のうちのどこまで残業代なのかがわかれば、時給単価が逆算できるのですが、このような曖昧な約束（契約）をしている場合は、時給単価が割り出せません。

　残業問題関連の裁判で、裁判所が重視するのは、大きく言えば時給単価と残業時間の2つのみです。この2つがわかれば残業代が計算できるからです。

　時給というのは本来、会社と労働者が約束（契約）をして決めるものなのですが、月給制にすると、この時給が曖昧になります。

　この解決策として、時給を雇用契約時に表示するように法律で義務付ける方法が考えられるでしょう。時給がわかれば、かなりの未払残業代トラブルを防げると思います。

　実際、時給で賃金を計算している場合は、ほとんど残業代トラブルがおきません。これは、時間に対して賃金を支払う・もらうという意識が使用者にも労働者にも強くなるからだと思われます。「サービス残業禁止」と声高に言っても、物事は解決しません。根本的な解決を望むならば、労使間のルールを仕組みから変える必要があると思います。

第6章

人事異動のやり方

1　社員の同意が必要な異動・不要な異動

　第1章で解説したとおり、雇用契約の本質は「会社側が労働力を買い取ること」にあり、会社はその労働力を原則として自由に使うことができます。この「買い取った労働力をどう使うか」という場面でもっとも問題が起きやすいのが人事異動です。

● 人事異動の4つの形態

　人事異動には、以下のように「転勤」「配置転換」「出向」「転籍」と主に4つの形態があります。

①「転勤」　　　勤務地を変更すること
②「配置転換」　勤務地は変更せずに業務内容を変更すること
③「出向」　　　同じ会社に所属したまま、長期間にわたって
　　　　　　　　他の会社の業務に従事すること
④「転籍」　　　在籍している企業を退職し、
　　　　　　　　新たに別の企業と雇用契約を締結すること

　また、同一企業内の異動か、それとも別企業への異動かにおいて、社員の同意が必要になるかどうかが変わってきます。
　①の転勤とは、たとえば東京本社で働いていた人が、大阪で働くようになることをいいます。また②の配置転換とは、たとえば出版社で営業の仕事をしていた人が、編集の仕事をするようになることです。
　③の出向とは、たとえば、A商事に入社し働いていた人が、A商事に在籍しながら、A商事の子会社のB物産で働くことなどをいいます。そして④の転籍とは、たとえば、A商事に入社し働いていた人が、A商事を退職してA商事の子会社のB物産に入社することなどが当てはまります。

企業内人事異動と企業間人事異動

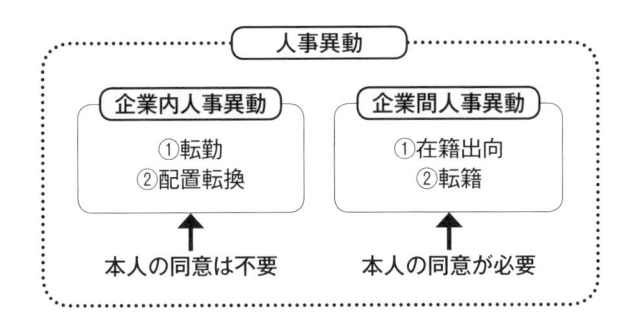

　雇用契約は労働者が特定の会社と結ぶものですので、基本的には入社時に他の会社で働くことを具体的には想定していないはずです。そのため、出向したり、転籍する場合は、社員が労働契約を締結していない別の企業への異動であるため、改めて社員の同意が必要となるのです。ただし、出向については要件が緩和されています。

　ひとまず、人事異動とは本質的に会社が買い取った労働力をどのように使うのか、という問題であることを理解していただければと思います。

2　人事異動における会社の裁量

❶ 正当な人事異動を拒否した社員は解雇できる

　人事異動においては、使用者は非常に広い裁量を有しています。

　もっとも象徴的なのは、正当な理由のある人事異動（転籍を除く）を従業員が拒否した場合、会社はその従業員を解雇することができることです。正当な人事異動を拒否するということは、労働力を会社に提供することを拒んでいるわけですから、「債務不履行」をしたと判断されます。

　たとえば、20万円でパソコンを購入する際、パソコンが届いてから料金を後払いする売買契約を結んだとします。しかし、配送予定日になっても一向にパソコンが届きません。届かないのにお金を払う人はいませんね。当然のことながら、買い主は売買契約を解除し、20万円も支払うことはありません。

　日本の裁判所は、この点においては、売買契約と雇用契約を同じように考えています。雇用契約において、従業員が労働力の提供を約束することで、使用者は給料を支払っているわけですから、従業員が人事異動に従わず労働力を提供しない場合、債務不履行になり、使用者は雇用契約を解除できるのです。

債務不履行

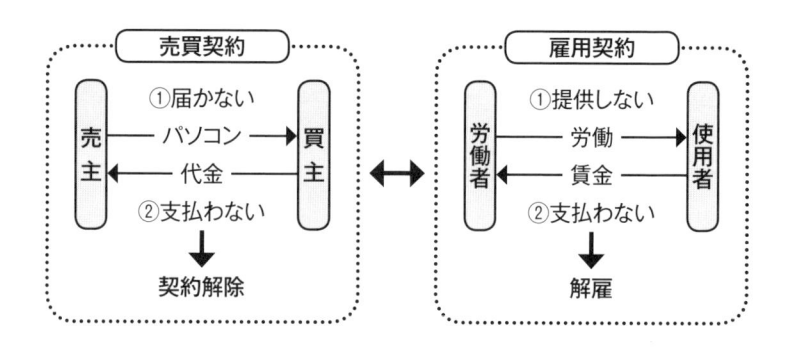

❷ 人事異動の権限と解雇規制との関係

24ページで述べたように、日本では人事異動に関して使用者に広い権限が認められています。

戦後の労働判例の積み重ねによって、裁判所は解雇の有効性については厳しく判断する一方で、人事異動については使用者に広い裁量を認めるに至りました。

本来、解雇をどこまで有効にするべきか、使用者の人事異動についての裁量をどこまで認めるべきかは、法律である程度細かく定めるべきですが、労働法については、裁判所が一定のルールを築いてきたといえます。そしてこの傾向は、現在も続いています。

ただし、このようなことは、裁判例などを相当読み込まないとわかりません。特に中小企業の経営者は、ほとんど知る機会すら持ち得ないというのが実情です。経営者が労働法のルールを理解していないために、無駄な労使紛争が起きているといっても過言ではないのです。

❸ 労働組合も会社の権限を理解している

労働組合の幹部などは、労働者が正当な人事異動を拒否した場合に、解雇が有効となることをよく理解しています。ですから、組合員に対しても、人事異動を拒否させることはほとんどしません。「異議をとどめて人事異動には従う」との文書を提出して、ひとまず人事異動には従うケースが多いです。

したがって、会社と労働組合との人事異動のトラブルは、話合いで決着が付く場合が多いものです。社外の労働組合に加入して、人事異動について団体交渉を行なう場合の対処法については、第11章を参照してください。

ただし、人事異動においても、使用者の権利の濫用とみなされる場合があります。その際の注意点についてみていきましょう。

3 スムーズに人事異動を行なうための準備 その①

　人事異動に関しては会社に広い裁量が認められているとはいえ、その準備を怠ると、意外なところで足下をすくわれかねません。スムーズに人事異動を進めるために、人事担当者が留意しておくべき点について解説していきます。

❶ 就業規則の規定

　労働契約法第7条は「労働者及び使用者が労働契約を締結する場合において、使用者が合理的な労働条件が定められている就業規則を労働者に周知させていた場合には、労働契約の内容は、その就業規則で定める労働条件によるものとする」と定めています。

　つまり、合理的な内容である限り、就業規則に人事異動の条項があれば、人事異動を行なう雇用契約上の根拠があるということです。就業規則の一例は以下のとおりです。

人事異動に関する規定例

【第○条】会社は、業務上の必要性にもとづき、従業員に対し人事異動(転勤、職務変更、職種変更など)を命じることがある

❷ 雇用契約書の内容を再チェックする

　雇用契約書を交わしている場合は、その内容を改めてチェックしてください。雇用契約書に「転勤なし」、「職種は○に限る」などの記載がある場合、勤務地や職種を限定していることになりますので、人事異動に支障をきたします。一方、「勤務地は○○」、「担当業務　総務・経理」などの記載であれば、勤務地・職種の限定とされることはありません。

　このように、雇用契約書に勤務地限定や職種限定の文言がないかどう

かを確認する必要があります。

❸ どのような経緯で入社したかが重要

　雇用契約書や就業規則に関する原則論を述べましたが、どこまで異動ができるかは、入社時の事実関係に大きく左右されることになります。

(1)会社の規模

　会社の規模は大きな判断材料となります。たとえば事業所が全国の至る所にあるような会社では、転勤を前提として採用されたと判断される場合が多いといえるでしょう。

(2)事業所採用か本社採用か

　いわゆる総合職として本社採用された場合は、一般的に全国の事業所への転勤があります。こちらも、転勤を前提に採用されたと考えられるでしょう。

　一方、地方の工場などで現地採用された社員の場合は、特段の事情がない限り、定年までその工場で働く旨の合意があったと認定されるおそれがあります。

　ただし、北九州市で現地採用された技術職社員を千葉県へ配転したケースが有効であるとの裁判例もあり、裁判所は可能な限り、会社の人事異動の裁量を広く認めているといえます。

(3)海外に支社がある企業や業種など

　商社のように、外国企業との取引を主な業務とし、かつ外国に拠点があるような会社であれば、海外勤務を前提としていたと判断されるのが一般的です。

❹ 異動に必要な「積極的な理由」とは

　上記(1)～(3)は主に大企業を中心とした条件ですが、人事異動を行なうに当たって、すべての企業にとってカギになるのは、その異動に「積極的な理由があるかどうか」です。

　ここで言う「積極的」とは、必ずしもその社員に対する評価が高いことを理由としたものでなければいけない、という意味ではありません。「仕事ができない社員を何とかしたい」ということが理由であったとしても、つまり教育・指導のための異動も積極的な理由になり得ます。ある部署で能力が発揮できなかったとしても、別の部署で能力を発揮する人は少なくありません。

　「積極的な理由」としては、以下のものが挙げられます。

（1）人材の再活用のため

　ある特定の仕事について成果を発揮できない場合に、他の仕事や勤務場所で能力を発揮してもらう場合などが当てはまります。

（2）新規事業開拓のため

　たとえば、これまで小売店のみに商品を卸していた健康食品メーカーが、戸別訪問や電話営業を営業方法として追加するため、販売担当の社員を顧客訪問担当に配置転換する場合などを指します。

（3）教育指導のため

　なかには、仕事の効率が悪く、まわりとトラブルばかりを起こす社員もいるでしょう。そのような場合はハッキリと「教育指導のための人事異動である」と伝えてよいのです。

　このように会社は社員の労働力を包括的に買い上げているわけですから、その範囲で社員の労働力の改善を図っていくことは何らおかしいことではないわけです。営業担当で成果が出ない社員について、「営業以外の業務で活躍していただくために購買担当に配転することとします」と伝えたとしても、問題はありません。

❺ 人選の理由は具体的に決める

　人選の理由も必ず考えておく必要があります。人事異動がこじれる場合に多いのが「なぜ私なのか。○さんがいるではないか」と当該社員が反

論するケースです。

　これに対しては、「これまで異動先の業務を行なったことがあるか否か
で判断した」、「現在稼働中のプロジェクトに関与している者については人
選から外した」、「経験の浅い社員については即戦力にならない業務なの
で、入社〇年を超えた者を人選基準とした」などと、異動する本人に納得
してもらうための具体的な基準を設けておく必要があります。

4 スムーズに人事異動を行なうための準備 その②

❶ 過去の事例を洗い出しておく

自社における過去の人事異動の事例については、事前に把握しておくようにしましょう。

これまでの人事ローテーションから明らかに外れるような異動の場合は、社員が不安や不満を抱くのは当然といえます。なぜ先例のない人事異動を行なうのかを、説明できるようにしておかなければなりません。

❷ 転勤は家庭の事情を配慮する

勤務地が変わる転勤の場合、当然のことながら、各々の社員の家庭の事情が大きな問題になります。右ページの表は、転勤に際して家庭の事情が問題になった裁判例をまとめたものです。

これらの裁判例から、以下の点を読み取ることができます。

(1) 「共働きで家族が転勤先に同行することができない」「子どもが小さい」などの理由は、転勤命令無効の根拠とはならない。

(2) 家族が病気で転勤を命ぜられた社員が看護を行なう必要性がある場合、家族が特殊な病気のために転勤した場合に治療が困難となる場合などは、転勤命令が無効となる場合がある。

このように、転勤命令を出す場合は、社員の家族構成のほか、その家族の健康状態についても、事前にできる限り聞いておくことが望ましいといえます。

家庭の事情が問題になった裁判例

	本人	家族構成	病気の家族の有無	勤務地→転勤先	
東亜ペイント事件[1]	男性営業主任	妻（保育所の保母）母（71歳）子（2歳）	なし	神戸→名古屋	◀ 有効
ケンウッド事件[2]	女性庶務	夫子（3歳）	なし	東京都目黒区→八王子	◀ 有効
明治図書事件[3]	男性編集者	妻（都内勤務、正社員）、長男（3歳）、長女（6か月）	有り（3歳の長男、生後6か月の長女は、いずれもアトピー性皮膚炎で特殊な治療法を行なっている、長女は重症）	東京→大阪	◀ 無効
ネスレ日本事件[4]	男性2名（「A氏」、「B氏」とする）工場勤務	A氏 妻 長男（19歳）長女（18歳）次女（14歳）母（78歳） B氏 妻 長男（13歳）次男（8歳）母（79歳）	有り（A氏、妻が精神疾患、家事ができないこともあった。B氏、母が脳梗塞後遺症、パーキンソン症候群、要介護2）	姫路→霞ヶ浦	◀ 無効

❸ 金銭面に配慮する

　転勤させる社員に対しては、引越し費用や転勤先住居の賃料の一部負担、単身赴任の場合の帰省時の交通費支給や、転勤手当などを設けることによって、経済的な配慮をするようにしたいところです。

❹ 異動事由書の書式

　異動の辞令は、一般的に、「○への異動を命ず」との簡単なもので済ませている場合が少なくありません。しかし、トラブルになりそうな事案の場合、後々社員との問題を起こさないために、異動の必要性などを具体

※1　東亜ペイント事件　昭和61.7.14最高裁判決
※2　ケンウッド事件　平成12.1.28最高裁判決
※3　明治図書事件　平成14.12.27東京地裁判決
※4　ネスレ日本事件　平成17.5.9神戸地裁姫路支部判決

的に説明した事由書のようなものを作成する必要があるでしょう。

　下に掲載しているのは、建設業で工事にたずさわっていた社員を、営業に異動する際の「異動事由書」です。工事を外注化するため、新しく営業部で仕事をしてもらうために異動を命じたものです。

　必ずしもここまで詳しく書く必要はありませんが、この程度まで異動の理由を具体的に説明できるように、あらかじめ検討しておくことが望ましいでしょう。

異動事由書の例

異　動　事　由　書

○○○○　殿

○○年　○月○日
○○○○株式会社
代表取締役社長　○○○○

　当社は貴殿に対し、○○年○月○日付けで、以下の異動を命じると共に、下記のとおり異動事由について説明致します。

第1　異動内容

1　異動後の職務
　　営業部門（新設）
　　訪問営業・ポスティングなどの地域密着営業等
　　（時期を見ながら、○の○㈱その他の研修を受けて頂く予定です）
2　異動後の賃金
　　現在と同じ
3　異動後の勤務時間
　　これまでと同じ

第2　異動事由

1　異動の必要性について
　（1）現在、当社の業務は①集客・クロージング、②工事業務、③経理事務です。
　　　具体的に言うと①HP・ミニコミ誌広告を使った集客、その後の見積もり訪問・提出・契約、②工事業務・顧客対応、③集客ツール作成・管理・発送、経理・事務作業全般を行なっております。
　　　現在貴殿が就いている②の工事業務は、経営の立て直しのために全て外注化すること

とし〇〇年〇月に廃止することが決まっております。

　現在、当社では、営業経験を有する従業員はおりますが、貴殿がこれまでの工事業務で得た知識、経験を活かし、新規顧客の開拓業務を行なうことができれば、事業を拡大させて、新規集客を盛り返すことができると考えております。

　また、当社は現在、集客が弱く、近隣からの受注が少ないという課題がありますが、貴殿を営業部門に異動することにより、地域密着型のビジネスモデルを作ることも可能と考えられます。

　既に会社には、専用の事務所や電話設備・パソコン及びインターネットの施設が整っています。これらを活用すれば新規の設備投資をすることなく、すぐに営業活動を行なうことができます。

　貴殿は、前職において訪問営業で地域密着型の健康食品会社に勤めていた経緯があり、その会社での職務経験から近隣の土地勘が弊社随一であり、効率よく、テレホンアポイントメントや訪問営業、ポスティング活動が行なえるものと期待しています。

　貴殿を用いて、営業部門を立ち上げ、成果をあげることができれば、会社として新しく更なる発展が見込め、売上が向上する可能性があります。

(2)そこで、今般、営業的スキル・顧客対応力・地域密着力に関する知識と経験を有する貴殿を営業部門に異動することに致しました。

2　今般の異動における人選について

　当社と致しましては、上記1記載の異動の必要性からして、当社営業部門を新設し、営業的スキル・顧客対応力・地域密着力に関する知識を有する貴殿が異動の人選として適任と考えております。また、当社と貴殿との間には、職種を限定する特約はありません。

3　異動後の業務について

　貴殿に対しましては、社長の指導のもと、専門コンサルティング会社の著書・セミナー教材・研修などを活用し、業務に慣れて頂きます。そのうえで、経営コンサルタント会社からの助言や当社の直接指導により、更なる教育を実施する所存です。

以　上

5 　具体的なケースにおける注意点

❶ 勤務地の変更（転勤）の場合

　転勤がスムーズに進まないケースでは、社員が以下のような問題を抱えていることが多いでしょう。

(1)転勤先の仕事に対して本人の意欲がない
(2)何らかの家庭の事情がある
(3)自分は勤務地限定採用だと思っている

　これまで解説したとおり、(2)については具体的な家庭の事情を聞き出して判断することになりますし、(3)については、雇用契約書や就業規則、入社時の状況などを照らし合わせて、勤務地限定の合意があったか否かを判断することになります。

　(1)については、勤務地変更後の業務が極端に生産性の低いものであるなど、いわゆる「嫌がらせ」といえるようなものでなければ、単なる本人のワガママということになります。繰り返しになりますが、会社は労働力を買い上げているわけですから、このようなワガママは紛れもなく雇用契約の債務不履行となります。

　また、この3つは、単独ではなく同時に複数の問題を起こすおそれがあります。この場合は、まず会社が転勤を拒否する理由を聞き出し、早めにその理由を確定したほうがよいでしょう。

　たとえば、転勤を拒否する理由が、当初は「本人のキャリアが途切れること」であったのに、時間が経つにつれ「両親の介護」に変化するなどのケースがあります。転勤を拒否する理由が次から次へ変わるということは、そもそも転勤を拒否する合理的理由がない根拠の1つになる場合がありますので、早めにその理由を聞き出し、メモなどをとって記録しておく必要があります。

❷ 職務・部署などの変更（配置転換）の場合

　配置転換においては、136ページで述べたとおり、雇用契約書などに「○○職に限定して雇用する」などの明確な記載がない限り、裁判所が職種限定の雇用契約と認めることはありません。

　「私は○○職で採用されたので、異動には応じられません」と頑なに拒否する社員が出る場合もありますが、労働法上は、このような場合でも他の職種への配置転換が可能です。

　たとえば、以下のような事例が参考になるでしょう。

> **事件の概要**
>
> 　ある運送会社が営業職を募集し、応募者の1人を採用した。ところが、この社員の営業職としての成績は芳しくなく、数年間最下位近くの成績が続いた。会社は、本来であれば退職してもらいたいところだったが、社員の雇用を維持するため、賃金は現状維持で、運転手業務に配置転換するよう命じた。
>
> 　ところがこの社員は、「自分は営業職で採用されたので、運転手の仕事をする義務はない」と主張したので、会社はこの社員を解雇したが、社員は納得せず裁判に持ち込まれた。
>
> 　裁判所は解雇を有効とし、最終的には、解雇事案としては低い和解金額での和解が成立した。

　このほか、アナウンサーのような専門性が高い職種であっても職種限定の合意はなかったと判断された例もあり、配置転換の場合も、会社の人事異動は相当程度自由に認められているといえます。

　また、当然ながら、いわゆる嫌がらせ目的の配置転換は無効となります。営業の仕事をしていたのに、トイレ掃除しかさせない業務につかせたり、誰もいない部屋に仕事を与えないまま放置するなどの行為はしてはいけないということです。

❸ 勤務先変更（出向）の場合

　出向と転勤には大きな違いがあります。出向は、出向元の会社に在籍したまま、違う会社で仕事をすることです。出向元の会社の裁量は限られてくるため、出向は、転勤や配置転換よりも慎重に検討する必要があります。

　出向を発令するためには、出向に関する就業規則の規定があることが
前提であり、出向先での賃金、労働条件、出向期間などについての定
めがあることが望ましいといえます。

　また、出向となった社員の賃金を当然のように下げている例もみられま
すが、大幅に賃金が下がる場合は、必ずしもそれが認められるとは限りま
せん。

　また労働契約法第14条では、出向命令が権利の濫用に当たる場合は、
出向命令を無効とすると定めており、注意が必要です。

❹ 転籍の場合

　転籍とは、いま在籍している会社を退職して、在籍している会社が指
定する別の会社に入社することをいいます。

　前述のとおり、在籍している会社を退職しなければなりませんので、社
員個人の明確な同意なくしては、転籍させることができません。この点が
出向と大きく異なっています。

　ただし、これを裏返していえば、個人の同意があれば転籍先で賃金を
下げることも可能になります。出向の場合と違って、新たに雇用契約を結
ぶことになりますので、大幅に賃金を下げることも可能です。

6 社員に異動を拒否された場合

❶ 人事異動の進め方

　本章の最後に、人事異動の一連の流れを確認しておきましょう。何の前ぶれもなく、いきなり社員に異動を命じるなどということは、ほとんどないと思われます。

　これまで述べてきたように十分な準備を整えたうえで、「この内容の異動をしてもらいたいのだけれども、応じてもらえるか」と打診し、社員が承諾すれば、内示を出して正式な辞令を発令（命令）する、というのが一般的な流れではないでしょうか。

人事異動の一般的な進め方

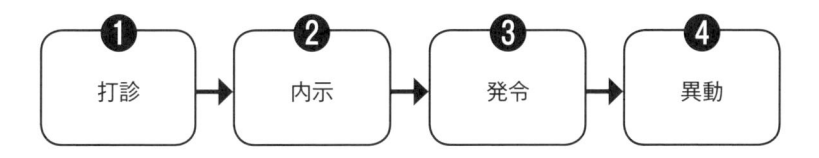

　異動を正式に発令すれば、会社はもう後戻りはできないと考えてください。異動を諦めるか解雇するかの選択を迫られます。

　発令した後に取りやめるとなると、他の人事異動に深刻な影響を及ぼすことを覚悟しなければなりません。単身赴任や海外出張を拒否する人が現われるかもしれませんし、特定の仕事や部署で誰も仕事をしたがらなくなる可能性もあります。

　つまり基本的には、正式に異動を発令した後は、解雇を想定して人事異動をやり切るしかなくなるわけです。

❷ 異動を拒否された場合の対応

　では、打診や内示の段階で社員が人事異動を拒否した場合はどうすれば良いのでしょうか。　人事異動を拒否された場合の手順は以下のようになります。

（1）異動を打診する

　異動する職種、時期、どんな仕事をしてもらいたいのかなどを、まずは口頭で伝える機会を持ちます。

　スムーズに了承してくれれば問題はありませんが、社員も最初は驚いてうまく返事ができないかもしれません。

　場合によっては数回話合いの機会を設けます。異動を拒否する場合は、その詳しい理由を聞いていくことになります。

（2）拒否する理由を詳しく聞く

　異動を拒否する理由が、家庭の事情なのか、異動先の業務を行ないたくないからなのか、また別のものなのかを詳しく聞きだし、社内で拒否の理由が合理的か否かを検討します。そのうえで、異動をあきらめることには、問題はありません。

（3）人事異動を正式に発令する

　最終的に異動拒否の理由が合理的なものではないと会社が判断すれば、会社は人事異動を正式に発令することになります。

　正式に発令する前に、打診に応じなかったり内示を拒否しただけで解雇した場合は、解雇が無効とされる場合がありますので注意が必要です。拒否することが事前にわかっていたとしても、正式に発令してください。

（4）説得に応じなければ解雇するしかない

　正式に異動を発令した後も、社員が異動を頑なに拒否する場合は、何度か面談の機会をもって説得する必要があります。異動に従わず、異動日後も元の職場での仕事をしようとする場合は、自宅待機を命じてください。場合によっては、手当を増やすなどの配慮も必要になるかもしれません。

異動の発令に従わないのであれば、自ら退職するよう退職勧奨を行なうことになります。自分から退職する気がないのであれば、解雇するしかありません。

人事異動を社員に拒否された場合の流れ

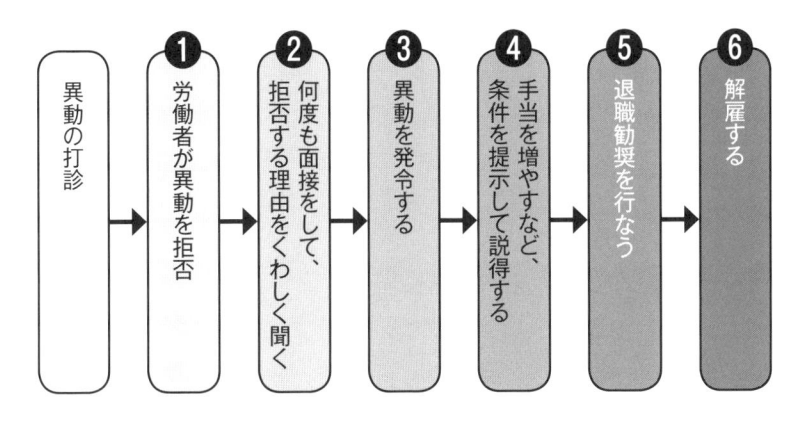

異動の打診

❶ 労働者が異動を拒否

❷ 何度も面接をして、拒否する理由をくわしく聞く

❸ 異動を発令する

❹ 手当を増やすなど、条件を提示して説得する

❺ 退職勧奨を行なう

❻ 解雇する

column

トラブルを起こした社員でも
同業他社に就職できる

　労働トラブルを起こしたら同業他社には就職できない、という一般論があ
ありますが、実は多くの人が、密かに同じ業界で就職しているようです。とりわけ「個人情報保護法」が施行されてからは、前の勤め先に電話をして、応募者の勤務態度等を確認したりする会社はめっきり減りました。電話を受けた前の職場の担当者も、在籍確認に応じないことすら、珍しくありません。

　使用者側は、よほど狭い業界でない限り、その人が前の職場でどんなトラブルを起こしたかを知らないことが多いようです。

　中小企業では「経験者」は何よりもありがたい存在です。毎年一定数の新卒を確保していく大企業とは違い、人が足りなくなってから募集を始める会社がほとんどですから、自社で一から教育することなく、即戦力となってくれる経験者は貴重な存在です。

　よく「うちでトラブルを起こしたら、うちの業界の他の会社に勤務できなくなるので、うちの社員は未払残業代は請求してこないと思います」という社長さんがいらっしゃいますが、未払残業代を請求する裁判を起こしても、同業他社に再就職している労働者はたくさんいます。

　いわゆる「暗黙の了解」で、労働トラブルを押さえきれる時代ではなくなりつつあるのです。

第7章

懲戒・解雇の際の注意点

1 「懲戒」とは何か

❶ 懲戒とは「一時的」な制裁

　親は、悪さをした子を叱ります。おしりを叩いたり、外に出したりと「制裁」を加えることもあるでしょう。でも、子がちゃんと反省すれば、許してあげるのが親の本来の姿です。

　懲戒も、これと同じように考えることができます。就業規則に違反するなど、労働者が労働契約上の義務を果たさないとき、使用者側は労働者に対して罰を与える「懲戒」という権利があります。ただし懲戒は、社員に対する会社の「教育的指導」であるとされており、制裁を加えても、それが「一時的なもの」でなければなりません。

　親子関係でも、親の「制裁」が日常的に続くようになれば、もうそれは教育的指導の域を超えた「虐待」になります。会社があらゆる手を尽くして教育的指導を行なっても、社員が立ち直る見込みのない場合に、はじめて「懲戒解雇」（163ページ参照）が許されます。

> 労働契約法　第三章　労働契約の継続及び終了
> （懲戒）
> 【第15条】使用者が労働者を懲戒することができる場合において、当該懲戒が、当該懲戒に係る労働者の行為の性質及び態様その他の事情に照らして、客観的に合理的な理由を欠き、社会通念上相当であると認められない場合は、その権利を濫用したものとして、当該懲戒は、無効とする。

❷ 懲戒処分の種類と意味

　このように、懲戒とは、「職場のルールを守らない社員に対して教育的指導をするための制裁罰」であると理解してください。

　具体的には、常習的な遅刻や無断欠勤、職場放棄、職場の風紀を乱す、意図的な情報漏洩、会社に対する名誉毀損など、企業の秩序を著しく乱す者に対しての制裁です。

懲戒には、おもに以下のようないくつかの種類があります。

(1)譴責(けんせき)

遅刻など、比較的軽めのルール違反に対する注意に相当するのが「譴責」です。通常、始末書を提出させることなどで戒めます。

(2)減給

業務命令違反などがあった際に、一時的な賃金カットを行なうものです。ただし、労働基準法第91条の規定により、減給できる額は「1回につき平均賃金の1日分の半額まで」、何度か行なった場合でも月給制の場合は1か月当たり「賃金総額の10分の1を超えない」という制限がありますので注意が必要です。減給を複数か月続けたり、一度に10分の1の賃金カットを行なう例が多いので、注意してください。

(3)出勤停止

一定期間出勤を停止する処分を下して、反省を促すものです。出勤停止期間の給料は支払われません。たとえば、5日間の出勤停止処分で、週休2日制の会社であれば約4分の1の減給と同じになりますから、かなり厳しい処分であるといえます。

(4)降職・降格

懲戒処分の一種として、現在の職位・資格等級を下げて戒めることがあります。懲戒処分としての降職・降格を設けている会社と設けていない会社がありますが、いずれにしても降職・降格は、一時的なものではありません。したがって、軽い就業規則違反であるにもかかわらず、部長クラスがいきなり平社員と同格の職位・資格等級になるなど、常識的に考えて行き過ぎた処分の場合は、無効となる場合もあります。

(5)諭旨解雇

相撲界で言えば、暴力事件を起こした元横綱・朝青龍に対して行なわれたのが、この諭旨解雇です。

　たとえば、社内暴力などは懲戒解雇事由になり得ますが、本人が反省しているときは、本人の将来を考えて自ら退職届を提出するよう勧告することがあります。勧告に応じない場合は懲戒解雇とします。

　しかし、諭旨解雇も懲戒処分なので、たとえ本人の書いた「退職届」が存在しても、後に懲戒解雇と同じように、その効力を裁判で争われるケースがあるので注意が必要です。

(6) 懲戒解雇

　もっとも重い懲戒処分である「懲戒解雇」は、予告期間を設けず、即時解雇となるケースがほとんどです。

　懲戒解雇とは、会社員にとって「死刑」に匹敵するものです。懲戒解雇されれば、退職金が支払われないだけでなく、再就職活動にも大きな影響を及ぼします。

　懲戒解雇の処分を下す前に、諭旨解雇、普通解雇なども含め他の方法はないかを十分考慮し、他の方法がどうしても見つからない場合だけ、最終手段として懲戒解雇処分を用いるべきです。

　懲戒解雇については、詳しく次項で解説します。

懲戒処分の種類と対象となる事由の例

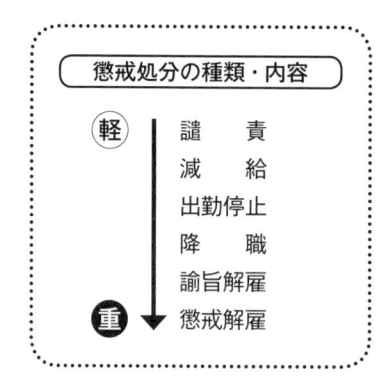

懲戒処分の種類・内容

軽
　譴　責
　減　給
　出勤停止
　降　職
　諭旨解雇
重　懲戒解雇

2 　懲戒処分を行なう際の留意点 その①

❶ 就業規則に定めておく

　それでは、懲戒処分を行なう際に、実務上気をつけるべき点を整理しておきましょう。

　第一に「その理由が就業規則にあらかじめ明記されているか」という点が重要です。当然ながら、「社長と反りが合わないから」「目つきが悪いから」などの「言いがかり」を理由に懲戒を行なうことはできません。懲戒はあくまで「教育的指導」として行なうわけですから、使用者の感情や気分で懲罰を下すことは認められません。

　あらかじめ、懲戒事由と懲戒処分の種類を就業規則に明記してあることが大前提です。

❷ 就業規則に「包括条項」を盛り込んでおく

　また、よく問題になるのが、就業規則が古すぎてその事由が記載されていない場合です。たとえば、仕事中にスマートフォンばかりいじっている社員がいたとしましょう。その就業規則が20年前のものだったとすると、当然、作成当時に「スマートフォン」なるものは存在していませんから、関連項目が記載されていません。

　そうしたケースに対応するために、就業規則に「包括条項」を盛り込んでおきましょう。「包括条項」とは、「その他、前各号に準ずる行為をした場合」などといった文面の条項のことで、これによって、就業規則に明文化されていない事項に対しても、社内の秩序を乱した場合は、懲戒処分ができるようになります。

【就業規則への懲戒規定の記載例】

(譴責、減給、出勤停止、および降格の事由)

【第●条】従業員が次の各号の一つに該当するときは、その情状に応じ、譴責、減給、出勤停止又は降格に処する。

1 正当な理由なく無断外出、又は、無断欠勤(届出があっても会社が承認しないものを含む)をした場合、又は、繰り返し遅刻・早退した場合

2 勤務時間中に職場を離脱して職務を怠り、業務の運営に支障を生じさせるなど、勤務態度が不良な場合

3 他の従業員に対する暴行・脅迫以外の行為により職場内の秩序、風紀を乱した場合

4 会社の機密を社外に漏らした場合、あるいは漏らそうとした場合、又は、自社及び他社の機密を不正に入手した場合

5 企業秩序維持義務違反としてのセクシュアル・ハラスメントの禁止に違反した場合

6 故意又は過失により職場において会社の物品を損壊し、会社に損害を与えた場合

7 経費の不正な処理をした場合

8 その他前各号に準ずる程度の不都合な行為があった場合 ◀(包括条項)

(諭旨解雇及び懲戒解雇の事由)

【第●条】従業員が次の各号の一つに該当するときは、その情状に応じ、諭旨解雇又は懲戒解雇に処する。ただし、改悛の情が顕著に認められること、過去の勤務成績が良好であったこと等を勘案し、前条の処分にとどめることがある。

1 他の従業員に対し暴行・脅迫を加えることにより職場の秩序、風紀を乱した場合

2 労働契約締結時に最終学歴や職歴等、重大な経歴を偽り、会社の判断を誤らしめた場合

3 正当な理由なく、会社が命じる転勤、配置転換、職種変更、出向、海外出向(子会社又は関連会社に限る)、昇進を拒んだ場合

4 会社の金銭又は物品を横領した場合

5 会社の金銭又は物品を窃盗した場合

6 職務に関し、金品の供与を受け、不正の利益を得た場合

7 その他業務上の指示又は会社の諸規程に著しく違反した場合で行為態様が悪質な場合

8 その他前各号に準ずる程度の不都合な行為があった場合 ◀(包括条項)

❸ 1つの非違行為に対する二重処罰の禁止

　　懲戒には、1つの違反行為に対しては1つの処分を下すものであるというルールがあり、同じ行為を2回懲戒処分にする、いわゆる「二重処罰」は禁止されています。

　ただし、一度懲戒処分を受けている「非違行為」を普通解雇事由とすることは許されます。これは、たとえば以下のようなケースで問題になります。

　無断欠勤をしたある社員に、会社が「譴責」の処分を下したとしましょう。その半年後に、また無断欠勤をしたため、次は「１日の出勤停止」処分を下しました。しかし、懲りないその社員は、さらに半年後にもう一度、今度は長期の無断欠勤をしました。堪忍袋の緒が切れた社長は解雇処分を通告。ただしその社員の将来を考え、懲戒解雇ではなく普通解雇とし、わずかながら、退職金も規定通り支払う旨を伝えました。

　するとその社員は、「私は無断欠勤のたびに懲戒処分を受けた。これまでの無断欠勤を解雇事由とすることは二重処罰に当たり、違法ではないのか」と抗議しました。

　結論として、この社長の行為は違法には当たりません。あくまで１つの非違行為に対して二重の懲戒処分を課すことを禁じているのであり、一度懲戒処分を受けている無断欠勤を、別の普通解雇事由の根拠とすることは禁じられていません。この点は誤解しやすいので気をつけてください。

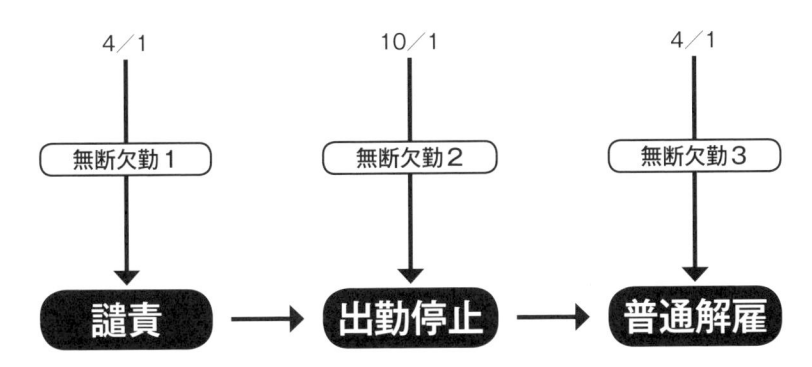

1つの非違行為には1つの処分

4／1	10／1	4／1
無断欠勤１	無断欠勤２	無断欠勤３
譴責	→ 出勤停止	→ 普通解雇

❹ 賞与の減額は認められるか

　一方、よく問題にされるのが、懲戒事由となった非違行為を理由にしてボーナスを減額する場合です。

　先の例で無断欠勤を繰り返した社員が、無断欠勤を理由に懲戒処分

を受けたうえ、冬のボーナスを月給の0.5か月相当減額されたとしましょう。社員が「無断欠勤はすでに懲戒処分を受けてチャラになっている。ボーナスカットは違法だ」と言った場合、どのように判断されるのでしょうか。

　この社員の言い分は正しくありません。同じ非違行為について２度懲戒処分を行なったわけではないからです。懲戒事由となる非違行為を人事評価において考慮することは、何ら違法ではありません。このあたりも曖昧になりがちなところなので、頭に入れておきましょう。

❺ 新たに懲戒処分の判断基準をつくる場合

　たとえば、Ｂさんが職務中にスマートフォンをいじっていたことを理由として懲戒処分を下す場合を考えてみましょう。ここで、もし過去にＡさんがスマートフォンをいじっても懲戒処分にならなかったという事実があった場合、Ｂさんが同じようにスマートフォンをいじって処分を受けるというのは、懲戒処分としてバランスを失しているため、懲戒処分自体が無効となる可能性があります。しかし、このように過去の実績が判断基準になっていたのでは、これまで懲戒処分をまったく行なってこなかった会社は、今後も厳しく懲戒処分をすることができないことになります。

　家族経営から人数を増やして会社を大きくしたい場合など、懲戒処分の基準を新たに見直したい場合などは、これでは困りますので社内ルールを「リセット」する方法があります。

　たとえば、貼紙などで「最近、就業時間内のスマートフォンの利用が目に付きます。今後は仕事中のスマートフォンの利用は禁じます」と社員全員に告知したうえで、就業規則を変更し、服務規律に「就業時間内は会社の許可なく携帯電話やスマートフォンを操作しないこと」との条項を設けます。

　すると、就業規則の変更日以降は、新たな内容が全社員に対する職場のルールとして適用されますから、過去の事例に関係なく処分をすることが可能になります。

　これはあくまで例ですので、就業時間中にスマートフォンを利用していたからといってすぐに懲戒処分をすることは難しい場合もありますが、この方法は、これまで特に問題行動を起こす社員がいなかった会社で、ある問題社員を採用してしまい、対応に悩んでいる場合などに有効です。

3 懲戒処分を行なう際の留意点 その②

❶ 段階的に処分しているか

　先にも述べたように、もっとも重い処分である懲戒解雇は、裁判官の頭の中では「死刑」に匹敵するものなので「他に打つ手がなかったかどうか」が厳しく問われます。「時間をかけてこれだけの指導をした」という客観的な理由を提示できない限り、裁判所は懲戒解雇を有効と判断してくれないと考えてください。

　問題を起こす社員の場合、たびたびその兆候が表われていることが少なくありません。問題の芽を見つけたら、最初は軽い懲戒処分から始まり、その後は段階的に懲戒処分の程度を重くしていくと同時に、その記録も書面に残しておくことが求められます。

❷ 「本人の言い分」を聞いているか

　懲戒処分は、刑事裁判における「刑罰」のようなものですが、日本の裁判では、必ず被告人本人に反論する機会が与えられています。これは裁判所が本当に被告人を有罪としてよいのか、刑罰の量刑は妥当なのかを検討するために認められているものです。悪事を犯した人に対して、言い分も聞かずに刑罰を科してはいけないわけです。

　これと同じことが、懲戒処分にも当てはまります。使用者側は懲戒処分を決定する前に「必ず本人の言い分を聞く」必要があります。これは口頭でもかまいませんし、もちろん文書で提出してもらってもかまいません。

　また、就業規則に、本人の言い分を聞くための「懲罰委員会」の開催が明記されている場合は、必ずこれを開催しなければなりません。懲罰委員会を開催する余裕がないことが懸念される場合は、就業規則に懲罰委員会の開催を記載しないようにしておくことが大切です。

　中小企業などでは、ひな型をほとんどコピーする形で自社の就業規則を作り、そこに懲罰委員会の開催が明記されている場合が少なくありません。

これは、裁判になった場合に相手の弁護士に必ず指摘される部分ですので、改めて自社の就業規則を見直すようにしてください。

❸ 始末書の提出を義務づける権利はない

懲戒事由に該当する行為をした労働者に対して、反省を促すために書かせるのが「始末書」です。

しかし、実は使用者側に始末書の提出を義務づける権利はありません。憲法第19条の「思想、良心の自由」が保障されている趣旨から、労働者の意に反する意見を強要することはできず、仮に会社が始末書を出さないことのみを理由に懲戒処分をした場合、違法となってしまいます。

労働者の中には、このあたりに精通している社員もいます。実際の例としては、始末書の提出を拒否したり、「そんなことしていません」と事実そのものを否定したり、「誤解を与えてしまって申し訳ありません」と書かれた文書を提出してきた労働者もありました。

そんな「手ごわい」社員に対しては、次のようなフローが有効です。

❹ 手ごわい労働者への対処法

自らの過ちを反省する態度を見せない者に対しては、会社側が「事実を決め打ち」するしかありません。つまり、懲戒事由に当たる事項を、「5W1H」を用いて具体的に示すということです。

たとえば、ある社員の頻繁な居眠りを懲戒したい場合、「20X1年9月9日（金）15:30〜15:40、貴殿は自分のPCの前で居眠りをしていました。貴殿の行為は就業規則第○条に違反する可能性があるもので、当社は懲戒処分を行なうことを予定しています。これに対して言い分がある場合は、9月15日（木）までに文書を提出してください」というように詳細な事実を書面で示します。

口頭による注意だと、裁判になった場合に「言った言わない」でもめることになります。「あぶない」と感じる社員に対しては、必ず「いつ、どこで、誰が、どうしたか」がわかる文書を残しておくこと、また本人とのやり取りの過程も文書で蓄積しておくことがポイントです。

先の例で、「居眠りではなく眼の調子が悪くて目をつぶっていただけだ」

と反論してくる場合であっても、「眼の調子が悪いのであれば眼科の診断書を提出してください」と重ねて文書の提出を求めることができます。現実的でないと思われるかもしれませんが、こうした細かな事実の積み重ねが重要なのです。

　この事実の認定は、日にちが経ってしまうと難しくなるため、手ごわい社員に対しては、上司や人事部が目を光らせ、克明に事実を記録する習慣を持つしかありません。

懲戒処分通知書の例

懲戒処分通知書

〇〇年〇月〇日

〇〇〇〇　殿

株式会社〇〇運送
代表取締役　〇〇〇〇

　貴殿を出勤停止1日(〇〇年〇月〇日)とする。

　貴殿の下記行為は就業規則第〇条〇号、〇号に違反するものであり、当社は、就業規則第〇条にもとづいて上記のとおり懲戒処分を行ないます。

　貴殿は〇〇年〇月〇日、〇〇店にて、〇の配送を忘れ、当社に報告・相談もせず翌日〇月〇日に配送をしようとしました。この時点で、貴殿は当社に〇の配送を忘れたことを報告するべきであったにもかかわらず、報告を行ないませんでした。

　又、貴殿は〇〇年〇月〇日、〇店に配達するべき納品商品を〇本店に誤配送しました(誤配送は今年で〇回目です)。

　貴殿の上記行為は顧客の信用を失わせかねないものです。

以上

4 労働法における「解雇」

❶ 民法上は自由に解雇できた

　日本では「異常」ともいえるほど解雇が厳しく規制されていることは第1章でも触れましたが、そもそも法律は「解雇」をどう扱ってきたのでしょうか。

　下の民法第627条をご覧ください。「雇用の期間を定めなかったとき」とは、使用者と労働者がいわゆる「正社員」としての雇用契約を結んだ場合を指します。この法律は明治時代にできたものですが、民法上、「解雇」は自由にできたのです。

> 【民法第627条】
> （期間の定めのない雇用の解約の申入れ）
> 第627条　①　当事者が雇用の期間を定めなかったときは、各当事者は、いつでも解約の申入れをすることができる。この場合において、雇用は、解約の申入れの日から二週間を経過することによって終了する。

　それでは、なぜ先に述べたような「解雇規制」が生まれたのでしょうか。これは、戦後裁判所が労働者を守るために持ち出した、「権利濫用法理」という理屈に端を発しています。権利濫用とは「形式的には権利があるけれど、それを使うことは、その権利の本来の目的から外れていて、権利を行使することが許されない」場合に使われる言葉です（民法第1条3項「権利の濫用は、これを許さない」）。

　つまり民法上は、使用者と労働者双方に、不満があればその労働契約を好きなときに解除できる権利があるものの、みだりにそれを使ってはならないという理屈をつけたのです。裁判所はこの解釈を用いて、判例を積み重ねてきました。判決では「先例」が重視されますから、1つひとつの判例が積み重なり、おいそれとは崩せない大きな壁として「解雇規制」が立ちはだかることになったのです。

【労働契約法第16条】
（解雇）
第16条　解雇は、客観的に合理的な理由を欠き、社会通念上相当であると認められない場合は、その権利を濫用したものとして、無効とする。

❷ 解雇の有効・無効は裁判所しか判断できない

第1章で触れたとおり、解雇が有効かどうかを決めるのは、労働基準監督署ではなく、裁判所です。先の条文にある「客観的に合理的な理由を欠き、社会通念上相当であると認められない場合」かどうかを判断できるのは、裁判所だけなのです。

❸ 普通解雇・懲戒解雇・整理解雇

そもそも解雇とは、使用者が労働者との労働契約を一方的に解除することをいいます。

100円で買ったりんごが腐っていた場合、そのりんごをお店に返して100円を返金してもらうのと同様に、契約を使用者の側から一方的に解消することを解雇といいます。

労働者の場合は「労働力」を売っているわけですから、たとえば無断欠勤が続いたなどの場合は、使用者が労働契約を「債務不履行解除」できることになります。これが普通解雇です。

解雇の種類としては、この普通解雇に加え、先に述べた懲戒解雇と、経営不振による人員整理を意味する整理解雇の3種類があります。整理解雇については、後の項でじっくり解説したいと思います。

普通解雇を含めて、解雇をする場合は、原則として「30日前に解雇予告」をするか、または「平均賃金30日分以上の解雇予告手当」を支払う必要があります。ただし、試用期間中（14日を超えて継続雇用されていない場合）などは、解雇予告や解雇予告手当は不要です（労働基準法第20条1項但書、同法第21条）。

5 世にも恐ろしい「解雇」をめぐる裁判

❶ 裁判には莫大な費用がかかる

いくら教科書的に「安易に解雇をしてはいけない」とお伝えしたところで、できるだけ早く社員を辞めさせたいがために、解雇してしまう会社も少なくありません。しかし、どのような現実が待っているかを知っていれば、ほとんどの方が解雇を思いとどまらざるを得なくなります。

ハッキリ申し上げて、解雇をめぐる裁判は莫大なお金がかかる可能性があります。最悪の場合、倒産に追い込まれかねない額を支払うことになるのです。

本書でもっともお伝えしておきたいことの1つが、この解雇問題です。とりわけ中小企業の場合、1つの裁判が命取りになりかねませんから、解雇裁判の内容をよく知っておいてください。

❷ 労働審判と仮処分

たとえば、ある社員が会社側の解雇通知を不服として地方裁判所に申立てをした場合、通常の訴訟以外では、「労働審判申立」と「仮処分申立」のどちらかの道を進むことになります。

(1)労働審判制度

裁判には多額の費用と時間がかかるため、簡易化して利用しやすい制度を作ろうと、2006(平成18)年4月に生まれたのが労働審判制度です。これは、裁判官(労働審判官)と専門知識を持った労働審判員2名で構成される労働審判委員会が、両者の言い分を聞き、原則として3回以内に審判をするか、もしくは審判をする前に話合いで解決するという制度です。裁判のように白黒はっきりつけることを目的としたものではなく、金銭で解決(和解)することが多いのが現状です。

場合によりますが、解雇問題では、解決するための金額が月給1年分

に上ることも珍しくありません。審判の内容に対してどちらかが異議を申し立てた場合には、通常訴訟に移行します。

(2) 賃金仮払いが必要になる「仮処分」

　解雇された元社員が納得せず、通常訴訟に移行するその前に問題になるのが、「賃金仮払いの仮処分」です。

　元社員は解雇されているわけですから、裁判を行なっている間の収入はゼロになりますので、生活が立ち行かなくなれば、裁判の継続自体が困難になります。そのため、元社員が裁判中の賃金を請求する「賃金仮払い」が認められる場合があるのです。

　裁判所が賃金仮払いを命令するのは、次の2つの要件を満たす場合です。

　① 解雇が無効となる可能性が高いこと

　② 貯金がないなど、賃金の仮払いを受けないと、裁判を続けることができないこと

　もちろん、多額の貯金など、元社員が生活するに当たって十分な資産を持っている場合には認められませんが、一度賃金の仮払いが認められると、とんでもない現実が待っています。

❸ 解雇裁判の実態　その1

　現在、最高裁では、憲法違反か判例違反など限られた事案しか扱わないので、通常訴訟に移行した場合は、事実上第二審までで決着がつきます。

　そこで、十分に起こりうる最悪のケースを想定して、どのように裁判が進行していくのかをみていきましょう。

　たとえば20X1年9月に会社が社員を解雇し、解雇された社員が翌10月に賃金仮払いの仮処分を申し立て、翌年の2月に会社側が敗訴し、賃金の仮払いが認められるとします。

　この時点で裁判所は、この先、裁判が続く期間を通して元社員の給与を支払い続けるよう命じます。たとえば月給30万円の人には、元の給与を丸々支払うよう命じることも少なくありません。

　そうなると、生活の心配がなくなった元社員は、ゆっくりと裁判準備を進めてきます。2か月かけて準備をして、20X2年の4月に通常訴訟（本訴）に移行し、第一審が開始。その判決が20X3年6月に出て、ここでもまた会社が負けたとします。

　この間を通して、先の「賃金仮払い」が必要ですから、元社員の月給が30万円だったとすると、仮処分が下った20X2の2月から16か月間、つまり480万円が元社員の手元に渡ることになります。

　右ページの図をご覧ください。さらに、20X3年6月の敗訴によって解雇無効を言い渡されると、裁判所は、その裁判中の期間、つまり20X1年9月から20X3年6月の21か月間の給与を支払うよう命じます。

　会社としては、「仮払いしているじゃないか。二重払いではないか」と言いたいところです。訴訟が終了すれば（判決が確定すれば）、会社は二重払い分を返還請求することが可能ですが、既に支払った仮払い賃金を返還してもらえるかどうかはわからないので二重払いの危険は残ります。

　この20X3年6月時点で、仮処分で30万×16か月＝480万円、本訴で30万×21か月＝630万円の合計（480万円＋630万円＝）1,110万円を支払わなければならなくなります。

　もっとも、一審判決後に一時的に強制執行を停止する申立てをすれば、一審判決にもとづいて金銭を支払う必要はありません。しかし、強制執行を停止してもらうためには敗訴金額の8割前後の金額の担保（この事案では敗訴金額の8割であれば630万円×0.8＝540万円）を積まないといけない（法務局に供託する）ので、二重払いはしなくともよくなりますが、会社は一時的に二重払いに近いかたちで金銭を提供しなければなりません。

❹ 解雇裁判の実態　その2

　会社がこのままでは引き下がれないと二審に進み、20X3年の10月頃に終結したとしましょう。二審は比較的早く判決が出ます。

　ここで再び会社が敗訴した場合、先のとおり「賃金仮払い」として20X3年6月から10月までの4か月分の120万円を支払っているにもかかわらず、給与として同じく20X3年6月から10月までの4か月分の給与120万円を

支払うよう命じられます。

　会社の支払総額は1,350万円にも上ることになります。

　二審の強制執行停止はきわめて難しく、強制執行停止が認められない可能性があります。強制執行停止が認められなければ、やはり二重払いをしなければなりません。先ほど申し上げたとおり、二重払いをした金銭を返還するよう請求ができますが、社員が返還するかは不明です。その後、二審で判決が確定すれば1,350万円を手にした元社員は、社員として再び会社に戻ります。

　このような過程を経て職場に復帰した社員が、会社にとってどのような存在になるか、考えただけで恐ろしいことです。

解雇裁判による金銭的損害

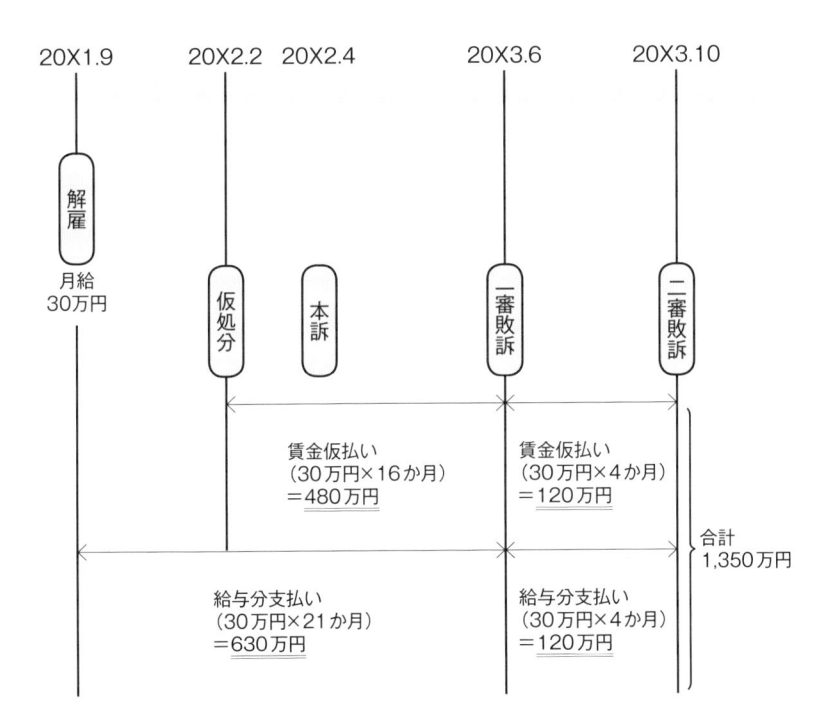

❺ 経営にかかわる大問題に発展する可能性がある

　このように、裁判は2～3年かかるケースもありますが、長引けば長引く
ほど会社の「出血」はひどくなります。ですから、もし解雇問題で訴えを起
こされた場合には、一刻も早い解決を目指すべきです。できるだけ早く話
合いの場を持ち、くれぐれも感情的にならないよう、金銭面も含めてできる
限りの誠意をもって対応することです。

　ちなみに、先の「630万円」は、元社員側が分割払いを認めない限り、
一審判決時に現金で即刻支払うことを求められます。支払いを放置した
場合、強制執行される場合もあります。過去には、大口顧客への売掛金
を差し押さえられた例もありました。元社員に支払わず強制執行を止める
方法もありますが、630万円の8割前後もの金額を供託しないといけない
ため、こちらも多額の現金が必要です。

　できるだけ解雇を回避すべきであるのは、決して道徳的な意味合いだ
けではなく、経営にかかわる大問題になりかねないからなのです。

6　解雇が有効になる場合と　なりにくい場合

❶ 解雇が有効と認められる場合

　それでは、どのような理由があれば解雇できるのでしょうか。画一的に述べることは難しいのですが、下記のような事由に当てはまる場合は、解雇が有効となる可能性は高くなります。

(1)業務上の金銭の窃盗や横領

　業務上の窃盗や横領行為を客観的証拠により証明できれば、懲戒解雇か普通解雇は有効となります。

　窃盗や横領に関しては、金額の大小に関係なく懲戒解雇や普通解雇が有効になる場合があります。裁判所は、故意の金銭的な不正行為にはとても厳しい判断を下す傾向があり、特に現金を扱う仕事で常習性が認められるときは、会社がその窃盗や横領行為を証明できれば、解雇は有効になります。

　あるバス会社の例では、「運転手がたまに料金を運賃箱に入れていない」との通報から、ワンマンバス運転手の約4,000円程度の横領を突き止めたことによる解雇が有効であると判断されました。

(2)職場で強制わいせつなどの性犯罪を起こした場合

　密室の行為で、加害者と被害者の言い分に食い違いがある場合などは証明が難しいものです。ただし、強制わいせつに該当するような行為を証明できれば、職場に被害者がいる以上、職場の秩序を戻す方法は、もはや加害者の社員を解雇するしかなく、解雇は有効となります。

(3)著しい勤怠不良の場合

　一度無断で欠勤した程度の勤怠不良を理由とする解雇は有効になりませんが、2週間無断欠勤を続けるとか、何度指導しても遅刻が直らない

など、著しい勤怠不良が続く場合は、裁判所も解雇が有効であることを認めます。

(4)配置転換などを拒否した場合

　社員をどの部署や仕事に配属するかという権利は使用者にありますので、会社の命令に従わない場合は正当な解雇理由となります。

　企業内人事異動には転勤と配置転換がありますが、異動する必要があり、かつ勤務地を限定する旨の約束や肉親に介護が必要な方がいるなどの理由がない限り、労働者にはどちらも拒む権利がありません。

(5)著しい業務命令違反

　上記の配置転換拒否もそうですが、使用者の命令に従わない労働者への解雇は有効とされます。これも程度問題で、ちょっと上司の指示に逆らう程度ではなく、仕事上の指示をまったく無視するようなケースが当てはまります。

❷ 解雇が有効と認められにくい場合

　一方で、次のような、使用者からすれば解雇して当然と考えるような場合でも、解雇が無効となることがあります。

(1)能力不足の解雇

　能力不足を理由とした解雇は、よほど証拠を積み上げない限り認められないと思っていて間違いありません。裁判所は、一度雇った社員は会社が教育・指導するべきであり、能力がないという理由だけで安易に解雇してはいけないと考えています。

　能力不足による解雇が認められるためのポイントは、その社員に対して教育的指導をどのくらい行なったのか、また他の社員と比べて能力がきわめて低いといえるかどうか、その社員に勤務態度の更生や能力向上の見込みはあるかといった部分です。

　たとえ営業成績が最下位の営業社員であっても、真面目に働く意思のある人を解雇することはできず、教育・指導するか、他の仕事に配置転

換するなどの措置を講じなければなりません。

能力不足を理由にした解雇が認められるための条件

① 十分な教育的指導を行なった

② 他の社員と比べて能力がきわめて低い

③ 勤務態度の更生や能力向上の見込みがない

(2)協調性不足の解雇

　最近では、能力はあるけれども、他の社員とうまく人間関係を築こうとしない、いわゆる「協調性不足」を理由として解雇を考える会社もあるようです。

　しかし、この「協調性」とは曖昧で抽象的な概念です。具体的に業務の遂行に大幅な支障が出ていることを客観的に証明できない限り、解雇が有効になることはありません。

　当然ながら、無口で挨拶をしない、業務外の社内行事に参加しないなどの理由だけで解雇することはできません。

(3)勤務態度不良の解雇

　同僚に暴言を吐いて精神的苦痛を与え続けるとか、顧客と喧嘩などのトラブルを起こす社員の場合は、さすがに裁判所も「社員として使い物にはならない」と判断する場合もあります。

　しかしこの場合も、上記の3点を厳しくチェックされますので、人事担当者としては、トラブルが起きたら「5W1H」で事実を克明に記録する習慣をつけることや、教育・指導の記録を必ず残すことなどが重要になります。

7 整理解雇実施の要件

❶ 整理解雇とは何か

　先にも述べたように、「整理解雇」とは、経営不振による倒産を回避するため、どうしても人員整理が必要な場合に用いる最終手段です。

　懲戒解雇や普通解雇と異なり本人に落ち度がないのが特徴で、責められるべきは会社ですから、簡単には認められません。

　整理解雇の無効を求めて労働者側から裁判を起こされた場合、会社側が勝訴する例はごく一部にとどまります。

❷ 整理解雇の4要件

　69ページで掲載した「整理解雇の4要件」のすべてを満たさない限り、整理解雇は認められません。一見すると大したことのない条件にも思えますが、実は1つひとつがとても厳しく判断されます。

(1)人員削減の必要性

　解雇による人員整理が必要であることを認めてもらうためには、一定期間赤字が続いているとか、数か月後には資金ショートすることが明らかであるとか、客観的な数字で業績不振を示す必要があります。これについては、具体的な数値で示せることもあって、会社の判断が優先されることが多く、他の要件と比べると比較的基準が緩いといえるでしょう。

(2)解雇回避努力の存在

　これが一番厳しい基準で、ほとんどの場合、解雇回避の努力を行なっていない、努力が足りないとみなされます。経営陣の給与はカットしたのか、人件費以外に削減できる経費はないかなど、解雇以外の経費削減を尽くしたのかどうかが厳しく追及されます。

　また整理解雇の前に、必ず希望退職者を募ったかどうかが問われます。

次項で具体的な進め方に触れますが、よほど小規模の会社だったり、緊急性のある事実でない限り、事前に希望退職者を募らずに整理解雇が認められることはまずありません。そのほか、雇用調整助成金を受給できるのに申請・受給していないなどの場合も、努力義務が否定されます。

　こういった項目を考慮し、事前対策を講じておくことが必要です。

(3)解雇対象者選定の合理性

　整理解雇対象者1人ひとりに対して、なぜその社員を選んだのかという理由が明確である必要があります。

　たとえば、遅刻・早退・欠勤が多い者から解雇対象者を選ぶことについては、合理性があると判断される場合は多いといえます。そのため、「遅刻・欠勤の多い者」など、勤怠を基準にすることも認められます。

　また、「50歳以上の者」を解雇対象にするなど、年齢を基準にすることも可能ですが、年齢のみを基準とすることは、合理性がないと判断されるおそれがあります。

　そのほか「共働きで一方が解雇されてもすぐには生活に困らない者」という基準も、合理的な理由とされます。

　能力や成績を基準とすることも考えられますが、主観的な評価基準はその正当性を証明するのが困難であるため、なるべく客観的な基準を用いて人選を進めるべきでしょう。

(4)手続きの妥当性

　これは、解雇する場合、使用者側は労働者に対して精一杯の説明と話合いをしなさい、という意味です。

　経営状態がわかる資料を提出するとともに、誠意をもって説明を尽くす必要があります。労働組合がある場合は、団体交渉の回数や内容も問われます。

整理解雇の4要件（要素）と講ずべき回避手段

人員削減の
必要性

解雇回避努力
の存在

解雇対象者
選定の合理性

手続きの
妥当性

回避するための手段

・役員の報酬カット、賞与不支給
・上級管理職の賃金・賞与削減
・賞与カット
・新規採用の中止
・残業・休日労働・深夜労働廃止
・臨時職員、パート、嘱託社員の
　雇止め、解雇
・希望退職者募集
・個別退職勧奨
　など

8　整理解雇までの具体的な手順

❶ 希望退職条件を考える

　先述のとおり、整理解雇が有効となるためには事前に希望退職者を募集する必要があります。その際には、いくつかのポイントがあります。

　まず第一に「希望退職条件は一度決めたら変えられない」と承知しておくことです。たとえば、二度目の募集は「退職金に100万円上乗せ」という条件を提示したとします。しかし予想していたよりも希望者が集まらなかったため、二度目に「150万円上乗せ」とすれば、当然ながら一度目の応募者が不満をもちます。条件は事前に慎重に検討してください。

　また、金額を「ケチらない」ことも重要なポイントです。会社が希望退職者を募るとなれば、業績が相当に悪化していることは明白ですので、従業員はただでさえ会社を疑いの眼で見ています。せめて金銭面では、できる限りの誠意を示したいところです。

　中小企業であっても、「退職金＋月給の3か月～半年分」が相場になると思われます。中途入社の多い中小企業の場合、年齢よりも勤続年数を指標に金額を提示することが現実的でしょう。扶養家族の有無なども考慮に入れることで、より誠意を伝えることができます。

　希望退職を行なう際に大切なのは、残る社員にも「痛み分け」してもらうという考え方をもつことです。「社員平均5％の賃金カット」などとアナウンスすることで、辞めていく人たちの心情も、多少は穏やかになるでしょう。

希望退職者募集の際のポイント

> ① 希望退職条件は一度決めたら変えない。
> ② 退職者に支払う金額をケチらない。
> ③ 年齢より勤続年数での金額を考慮する。
> ④ 残る社員も痛みを分かち合う。

❷ 退職までのスケジュール

それでは、実際に整理解雇を行なうまでの具体的なスケジュールをみていきましょう。

たとえば、9月1日に文書で「希望退職者募集」のアナウンスを開始したとします。そこから、実際の応募開始までは最低でも1か月の期間を設けてください。この期間中に説明会を開いたり、労働組合と団体交渉を開催したり、社員と個別に面談をして説明を尽くします。

その後10月1日に応募開始、2週間後の10月15日に締切り、10月末には退職してもらうというスケジュールが一般的です。

一次募集で定員に達しなかった場合は、二次募集を行なう必要が出てきます。先ほど述べたように「同じ条件」で募集しますが、うまく応募数が集まらない場合、個別の退職勧奨が必要になるでしょう。

ここまでやってどうしても定員に達しない場合にだけ、整理解雇が認められることになります。

整理解雇までのスケジュール

9/1	10/1	10/15	10/31	11/1
↑	↑	↑	↑	↑
「希望退職者募集」のアナウンス	応募開始	応募締切り	退職	（二次募集）

❸ 希望退職の最大のリスクとは

希望退職を実施する際に会社が一番不安に思うのは、「優秀な社員が退職を希望したらどうするのか」という点です。

そのような事態を回避するためには、募集要項に「ただし、事業継続に不可欠な人材は除く」と明記しておくことが可能です。もし「事業継続に不可欠な人材」から希望退職の申出があった場合には、直ちに「その希望は受けられない」という内容の文書を出すことができます。

ただし、会社はその文書によって、「希望退職による退職金の上乗せ」

を回避することはできても、退職自体を思いとどまらせることはできません。本人が強い意思を持って希望する限り、退職は止められないのです。

　もしくは「事業継続に不可欠な人材」だけに、希望退職しないよう事前に根回しするという方法も考えられますが、他の社員に漏れた場合に、希望退職に応じる人は誰もいなくなる可能性があります。

　つまり、退職を希望する人を会社側がコントロールすることは、事実上困難であると考えてください。

　　　　　　　　　　　　　　　　　　　　　　　　　　　　○○年○月○日
○○労働組合
執行委員長　　○○○○殿

　　　　　　　　　　　　　　　　　　　　　　　　　　　○○株式会社
　　　　　　　　　　　　　　　　　　　　　　　　代表取締役　○○○○

　　　　　　　　　　　　　　希望退職者の募集について

　当社は、荷主からの出荷量の激減により危機に直面しています(売り上げ対前年1月比45％減)そのため、新規採用の抑制、管理職などの手当て削減、車両減車及び売却、その他経費の削減等に努力してまいりました。しかしながら成果をあげることができず、このままでは、会社存続が危ぶまれる状況です。

　当社では、これまで雇用の確保を最優先してまいりましたが、事ここにいたっては、やむなく下記要領により希望退職者の募集を実施することを決定いたしました。従業員各位には厳しい決断を迫ることになりますが、現在の状況下での当社の特別配慮をご勘案のうえ、ご検討いただきますようお願いいたします。

　　　　　　　　　　　　　　　　記

1. 募集対象者　　トラック運送従業員(但し、会社が承認した従業員のみとする。)
2. 募集期間　　　○○年○月○日(月)〜○月○日(金)
3. 募集人員　　　○人
4. 退職日　　　　○○年○月○日付け
5. 退職条件　　　退職特別手当　　　勤続年数は○○年○月○日現在とする。
　　　　　　　　　勤続年数　　　　　4年未満　基本給3か月分
　　　　　　　　　勤続年数　4年以上〜8年未満　基本給4か月分
　　　　　　　　　勤続年数　8年以上　　　　基本給5か月分
6. 応募手続　　　退職を希望する従業員は、所定の退職願を社長に提出する。
7. その他　　　　在籍する従業員の食事代(5,000円)は、削減する予定である。
　　　　　　　　　　　　　　　　　　　　　　　　　　　　　　　　以上

9 解雇が認められるためのポイント

❶ 文書が勝敗を支配する

　　解雇が有効になるための実務的なポイントをお話しましょう。まず第一に、労働裁判における「文書」の威力は絶大であるという点です。

　　一般的に裁判と言えば、双方の口頭で弁論が繰り広げられるシーンのイメージが強いと思いますが、解雇案件が裁かれる民事裁判では、すべて「文書」で言いたいことを主張する必要があります。

　　初めて民事裁判を体験する方は、思いの丈を裁判官にぶつけようとして準備するものの、実際法廷に立つと、目の前で文書が交わされ、次回のスケジュール確認をしてあっという間にお開きとなる様子に、しばし唖然とする方も多いものです。それほど、民事裁判は「大人の交渉」の世界なのです。

　　「準備書面」を作り、裁判の1週間前に相手の弁護士と裁判官にFAXで送ります。そして裁判の現場では、「準備書面の通り陳述します」と述べれば、たとえ100ページある文書だとしても、そのすべてを法廷で述べたことになります。この文書の作成こそが、弁護士の重要な仕事です。一般的に弁護士は「しゃべる仕事」というイメージがありますが、実際は「書く」ことが圧倒的に多いものです。

❷ メールは重要な証拠になる

　　裁判所が信用するのは、「客観的な証拠」です。

　　たとえば「うちの社員は法廷で証言する用意がある。彼に落ち度があることは間違いなく証明できる」などと言う経営者もよくいらっしゃいますが、裁判所は、証言はほとんどあてにしていません。人間の記憶は不確実なものだとして、後からキレイに作った文書よりも、リアルタイムで書いた日記やメモ、手帳の類を信用します。証言をさせる前に、どちらかを勝たせるかはすでに決めていることが多いといわれています。

　また、近年の裁判では、メールはかなり重要な証拠になっています。送受信日時が秒単位で記録されるため、事実の認定に好都合なのです。もちろん、録音なども重要な証拠になります。

❸ 警告文書を積み重ねる

　以上のことから、目にあまる問題行動を起こすような社員に対しては、口で注意するよりも、その場で「指導書」や「警告文書」を出したほうがよいでしょう。下記のひな型の要領に従って「5W1H」で事実を特定し、反論があれば○月×日までに文書を出すようにと促します。つまり「その日のことはその日のうちに」文書化し、保存しておくのです。

　この警告文書は、本人が無視したとしても、裁判になった場合にかなり価値の高い重要証拠書類となります。

指導書のサンプル

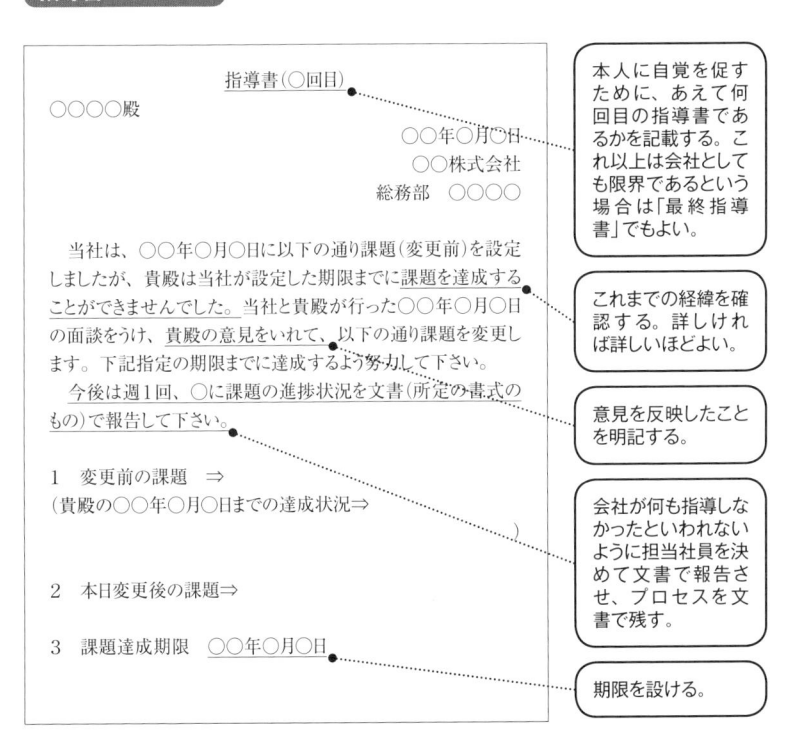

指導書(○回目)
○○○○殿
　　　　　　　　　　　　　　　　○○年○月○日
　　　　　　　　　　　　　　　　○○株式会社
　　　　　　　　　　　　　　総務部　　○○○○

　当社は、○○年○月○日に以下の通り課題(変更前)を設定しましたが、貴殿は当社が設定した期限までに課題を達成することができませんでした。当社と貴殿が行った○○年○月○日の面談をうけ、貴殿の意見をいれて、以下の通り課題を変更します。下記指定の期限までに達成するよう努力して下さい。
　今後は週1回、○に課題の進捗状況を文書(所定の書式のもの)で報告して下さい。

1　変更前の課題　⇒
(貴殿の○○年○月○日までの達成状況⇒
　　　　　　　　　　　　　　　　　　　　　)

2　本日変更後の課題⇒

3　課題達成期限　○○年○月○日

本人に自覚を促すために、あえて何回目の指導書であるかを記載する。これ以上は会社としても限界であるという場合は「最終指導書」でもよい。

これまでの経緯を確認する。詳しۄければ詳しいほどよい。

意見を反映したことを明記する。

会社が何も指導しなかったといわれないように担当社員を決めて文書で報告させ、プロセスを文書で残す。

期限を設ける。

❹ 客観的な数値をいかに揃えられるか

　もうひとつ裁判所が好むのは「客観的な数字」です。たとえば、能力不足を示すにしてもただ「能力がない」とするのではなく「営業職としての売上は、ここ１年○人中、常に最下位である」と表現する必要があります。

　また、注意指導のための面談は、何日と何日に何回やったかなども逐一記録しておいてください。人事担当者としては、最低限の危機管理として日々の指導に関する記録を取っておく習慣をつけておくことをお勧めします。

❺ 教育・指導をどこまで尽くしたか

　解雇をする前に求められている「教育・指導」とは、形式的に行なえばよいというものではなく、辞めさせることを前提にしたものなのか、仕事上必要な能力を向上させるために真剣に取り組んだものなのかどうかが厳しく問われます。

　何の仕事もさせなかったり、むりやり再就職活動をさせた事例もありましたが、これでは単なる嫌がらせであり、到底教育・指導といえるものではありません。

　もし、本当に能力が欠けている人であれば、研修に参加させたり、何らかの業務上の課題を与えれば、それなりの結果が出るはずです。課題ができなかったり、課題をサボったりすることも少なくないでしょう。

　その課題と向き合う中で、本人にも「やっぱり無理なのかもしれない」という実感が生まれます。すると、結果的に退職勧奨にも応じてくれやすくなるものです。決して辞めさせるために研修や課題を使うわけではありませんが、多くの実例にみられる事実です。

　本人に意欲や適性がないと判断して配置転換する場合も、会社が粘り強く注意指導していれば、本当に意欲がない社員は、ついてくることができない場合があります。

　解雇が厳しく規制されている以上、会社としては、このような事実を積み重ねることが重要なのです。

最終警告書のサンプル

○○○○殿

○○年○月○日
○○株式会社
代表取締役　○○○○

最　終　警　告　書

　○○株式会社（以下「当社」とします。）は貴殿に対し，以下のとおり最終警告を行ないます。

　貴殿は，○○年○月○日付で当社と労働契約を締結したものでありますが，貴殿は，入社時は○○部，○○年○月○日からは○部に異動したものの，その間の貴殿の業績は当社の求める水準をはるかに下回っております。具体的に言えば，○部においては○○システムの設計で重大なミスを2回犯し，貴殿の教育・改善のために異動した○○部においては顧客への改善提案を全く行なうことができませんでした。

> 異動してチャンスを与えたことをアピールしている。

　一方，当社は，貴殿の入社以来，注意指導を行なって参りました。○○年○月○日，○○年○月○日，○○年○月○日には貴殿との面談を行ない，目標設定をし，指導担当の上司の下に貴殿に注意・指導・教育を行ないました。しかしながら，貴殿は，○○年○月○日の面談に至っては，成果報告のレポートの提出すら怠りました。

> このレベルまでの事実があると立証は容易。

　加えて，貴殿は，誠実労働義務や企業秩序遵守義務に反する言動を長期に渡り繰り返して現在に至っております。具体的には，貴殿は，○○年○月○日，○○年○月○日，上司に対し「○○」との暴言を吐き業務命令に従わないなど，貴殿の非違行為に対する懲戒処分だけをみても現在までに実に○回の多数に渡っておりますし，懲戒処分がなされた事実以外にも，貴殿には，誠実労働義務や企業秩序遵守義務に反する言動が多くみられます。

> 単なるローパフォーマー社員であるだけではなく，勤務態度もよろしくはないことを示している。

　当社は，貴殿に対し，随時注意指導を行ない，場合によっては労働契約終了に至らない程度の懲戒処分を行ない，繰り返し改善を促しました。にもかかわらず，貴殿の業績は，残念ながら現在もなお改善しておらず，今後とも改善は非常に困難と言わざるを得ません。

　そこで，当社は貴殿に対し，貴殿の業務遂行，言動によっては，もはや改善の見込みなしとして，貴殿との労働契約を終了せざるを得ないと考えております旨，本書にて最終警告を行ないますとともに，貴殿にこの最後の改善の機会を与えます。

　次回面談は○○年○月○日，再び貴殿の目標設定を行なう予定です。

以　上

トラブルを起こしやすい人は
先読みできる

　本書では、裁判例から導き出せる労働法上のポイントを多く紹介していますが、実際に社員に訴えられるということは、人事・労務担当者や経営者にとっては青天の霹靂のような出来事かもしれません。

　ただし、裁判の原告になるような人は、ある程度「先読み」することができます。端的に言えば、「追い詰められている社員」は、法的手段に訴える可能性が高いといえます。

　具体的には、経済的に困窮している、健康状態から再就職が難しい、家庭が破綻していて精神状態が悪化しているなどの事情を抱えている人です。

　もしくは、経営者に何らかの恨みをもっている人、逆に会社に対して過度な期待を抱いていた人なども、いったんトラブルになると裁判までなだれ込んでしまう傾向にあります。

　しかし、社員全員に目のとどく中小企業の場合、人事・労務担当者、または経営者自身が、日ごろから社員の状況を理解しようと対応していれば、大きなトラブルになる前に何らかの手立てを打てるはずです。

　とはいえ、社員を甘やかせばよいということではありません。筆者の経験上、二代目や三代目の経営者に多いように感じますが、社長が強くモノを言えない性格である場合、社員はどんどん言うことを聞かなくなっていくものです。

　一般的には、社長もしくは経営陣、そして担当者が「聞く耳」をもってさえいれば、社員は簡単に会社を訴えたりはしないものです。ほとんどの裁判事案は「歩み寄るための最後のチャンス」を逃しているがために起きているのです。

第8章

休職・メンタルヘルス不全について

1　労働者の義務と権利

❶ 労働者には「健康な状態で働く義務」がある

　　今一度基本に立ち戻りますが、そもそも「労働契約」とは、労働者の労務の提供に対して使用者が賃金を支払う、というものです。

　　ただし、何らかの理由により、労働者側が労務を提供できなくなることがあります。その原因は「業務上の理由によるもの」と「業務外の理由によるもの」に分けられますが、前者を「労働災害による休業」と表現し、後者を「欠勤」と呼びます。

　　身体的な理由であろうと精神面が原因であろうと、業務上の理由によらずに労務を提供しない場合は、債務不履行となります。労働者には、「心身共に健康な状態で働く義務」があるのです。

❷ 休職は労働者の権利ではない

　　欠勤が続くと、就業規則の定めによっては、使用者が「休職」を命ずる場合があります。休職とは、使用者側が「あなたは完全な労務を提供できる状態にないので、しばらく休んでください」と命令するものです。

　　「具合が悪いので、休職させてください」と申し出て、会社を休もうとする社員はいませんか。ここは誤解されやすいところなのですが、休職とは、使用者が命令して行なわれるもので、労働者のほうから休職する権利はありません。

　　労務の提供ができないという事実は、本来なら解雇事由に当たるはずのものです。とはいえ疾病にかかるなどやむを得ない事情もありますので、一般的には就業規則などに定めたうえで、一定期間の休職を使用者が認めているのです。

　　しかしながら、休職は、公職に就く場合など特殊な場合を除いて、「解雇猶予」であると考えてください。病気になったのが明らかに会社のせいであれば別ですが、本来なすべき労務を提供できないということは、労働

者として雇用契約上の義務を果たしたことにならないのです。

❸ メンタルヘルスの確認は特別なことではない

　近年、メンタルヘルス上の問題が多く取り上げられるようになりました。肉体的なケガや病気と比べて、メンタルヘルスの問題が特別のことのように扱われる傾向は、非常に強いものです。

　使用者側も、メンタル面が健全かどうかを確認することがはばかられるようですが、「心身共に健康であること」が労働者としての務めですから、使用者によるメンタルヘルスの確認は、何も特別なことではありません。

　採用の際はもちろん、遅刻が多かったり、欠勤が多い場合は、会社の上司がメンタルヘルスに問題がないか面談をして、必要であれば医師の診断を受けさせたり、残業を減らしたりする必要があるのです。

　具体的には、以下のようなことを聞くことが必要です。

・夜、眠れているか？　何時間睡眠をとれているか？　眠りの深さはどうか？
・食欲はあるか？
・仕事に対する意欲はあるか？
・人間関係に問題はないか？
・(仕事のスピードが遅い場合)仕事のスピードが以前より遅くなったことの理由

❹ メンタルヘルスが労働災害として認められるケース

　労働災害とは、労働者が業務を理由として、ケガや病気に見舞われることを指します。使用者の民事上の責任(安全配慮義務違反等)と労災認定は、本来は関係がないのですが、裁判実務上、労災が認定されると、使用者の民事上の責任が肯定されることが多いため、労災認定を受けるかどうかは非常に重要な問題なのです。

　メンタルヘルス不全の場合は、それが労災に当たるかどうかは、きわめて判断の難しいところです。たとえば、工場作業中に機械に指を挟んだ場合は、明確に業務を理由とした労働災害であることがわかりますが、メンタルヘルス不全は一見して何が原因かはわかりません。

　厚生労働省は、メンタルヘルス不全の労災認定に当たり以下の通達を出しています。

　メンタルヘルス不全が労災認定されるためには、以下の3つの条件をすべて満たしていることが必要です。

① 特定の精神障害を発病していること
② 精神障害発病前おおむね6か月の間に、客観的に当該精神障害を発病させるおそれのある業務による強い心理的負荷が認められること
③ 業務以外の心理的負荷および個体側要因により当該精神障害を発病したとは認められないこと

　なお、②に関しては、厚生労働省発表の平成23年12月26日付「心理的負荷による精神障害の認定基準」において、業務による強い心理的負荷の一例として、以下の2つが挙げられています。

・ 発病直前の連続した2か月間に、1月当たりおおむね120時間以上の時間外労働を行なった場合
・ 発病直前の連続した3か月間に、1月当たりおおむね100時間以上の時間外労働を行なった場合

　これまで、具体的な時間外労働時間数が明記されていなかったところ、初めて具体的な数値が明らかになりました。
　実際には、残業時間と業務上での心理的負荷があったかなどを考慮してメンタルヘルス不全が労災に当たるかを判断することになります。
　最近、パワハラによるメンタルヘルス不全が話題になることが増えています。「上司の暴言によってうつ病になった」と訴えるような社員もいるわけです。その上司の下で働いている社員が次々と精神疾患を発症しているのであれば別ですが、人によっては上司の同じ発言を「暴言」と受け止めないという可能性は否定できません。単なる「暴言」ひとつで、そう簡単に労災に認定されるものではありません。

2 休職に至るまでの手順

❶ 就業規則の記載を確認する

　実は休職について定めた労働法上の規制はありません。休職の取扱いについては、使用者が独自に決めるものです。

　まずは使用者の就業規則に休職についての規程があるかどうかを確認してください。会社によって異なりますが、休職事由が「欠勤30日間」とか「欠勤90日間」などの定めがある場合が一般的ですので、そこに向けて準備を進めていきます。

　ちなみに、就業規則に別段の定めがない限り、休職中の賃金を支払う義務はありません。ただしこの期間は、申請をすれば、全国健康保険協会管掌の健康保険（協会けんぽ）から、「傷病手当金」として標準報酬月額の3分の2を受給することができます。

❷ 本人と面談する

　社員がメンタルヘルス不全を原因として休職を申し出る場合は、本人もしくは家族に休養を要するとの医師の診断書を提出してもらうことになります。この際、必ず本人との面談の機会を設けるようにしてください。体調が許せば、ラッシュ時などの時間帯を避けて会社まできてもらうか、それが難しければ、担当者が自宅もしくは病院を訪ねることになります。その際、体調はどうか、病院には通院しているか、どの病院に通院しているのか、いつ頃職場復帰できそうなのかなどを聞くようにしてください。

　本人との面談がどうしても難しい場合は、家族と面談することになりますが、いずれにしてもこの段階で、「対面での確認」を持つことが大切です。

❸ 「休職命令書」を手渡す

　面談で「当面職場復帰は難しそうだ」と判断せざるを得ない場合、就業規則を確認して休職事由を満たしているのであれば、使用者は次のよ

うな「休職命令書」を作成し、できるだけ本人に直接手渡してください。

　先ほども述べたように、休職とは本人の希望にかかわらず、会社が命令して初めて認められるものです。口頭ではなく文書を用いるべきであり、休職命令書に、休職事由、期間、期間満了時の取扱いなどを明記しておくことで、トラブルを回避できるからです。

「休職命令書」

　　　　　　　　　　　　　　　　　　　　　　　　　　　○○年○月○日

○○○○　殿

　　　　　　　　　　　　　　　　　　　　　　　　　株式会社○○○○
　　　　　　　　　　　　　　　　　　　　　　　　　代表取締役　○○○○

　　　　　　　　　　　　　　　　休職命令書

　当社は、あなたに対し、就業規則第○条○項の定めにより休職を命じますので、ここに通知します。

　　　　　　　　　　　　　　　　　記

1. 休職の事由
　　○○年○月○日から○月○日まで私傷病により欠勤が3か月を経過したため（就業規則第○条○項）

2. 休職の期間
　　自.○○年○月○日
　　至.○○年○月○日の2か月間

3. 復職の手続き
　　休職期間中に、傷病が治癒して通常の職務に復帰できる状態になった場合は、その旨を証する医師診断書を添えて、復職希望日の1週間前までに「復職願」を会社に提出し、承認を得てください。
　　この場合、本人が出社して提出することになります。
　　ただし、健康状態に疑義があると会社が判断した場合は、会社が指定する医師の再診断を求めることがあります。

4. 復職後の扱い
　　復職する場合、諸般の事情により旧職務と異なる職務に配置されることがあります。
　　また、復職後3か月以内に、本休職と類似の傷病で欠勤する場合は、就業規則第○条にもとづいて、ただちに休職を命ずることがあります。

5. その他
　　（1）休職期間中は、賃金は不支給となりますが、社会保険料の本人負担部分は貴殿に負担していただきます。ただし、健康保険の傷病手当金の受給対象となります。
　　（2）休職期間が満了しても傷病が治癒されず、復職できない場合は、就業規則第○条○項の定めにより、休職期間満了日をもって自然退職となります。

　　　　　　　　　　　　　　　　　　　　　　　　　　　　　　　　以上

3 　復職に至るまでの手順

❶ 期間満了2か月前の本人との面談および診断書の提出

　　　休職に際してトラブルが起こることはあまりありませんが、復職する場合に注意が必要です。

　　　その際会社側は、冷静にその社員の「体調」を見極める必要があります。とりわけメンタルヘルス不全が休職の原因だった場合は、完治したように見えても復職後に再発するケースも多いので、その可能性を含めてチェックする必要があります。

　　　少々手間はかかりますが、休職期間中に何度かお見舞いに行ったり、最低でも休職期間満了の2か月前になったら、本人と面談の機会をもって、復職の意思や体調を確認するようにしてください。そのうえで、復職可能の診断書を提出するように指示してください。

❷ 主治医との面談

　　　復職可能との診断書の提出を受けても、主治医との面談は必ず行なってください。もちろん、プライバシー保護の観点から、本人の許可を取らないまま勝手に主治医に会いに行ってはいけませんが、できるだけ本人を同席させたうえで、本人の病状、今後の見込みを聞きます。

　　　本人の「同意書」を持って会社担当者が主治医を訪ねる方法もありますが、本人も自分のいないところで会話されるのはあまり気分のよいものではないので、本人を同席させたうえで主治医と面談するようにしたいところです。

　　　主治医に説明・質問すべき内容は、下記のとおりです。

(1)業務内容を説明する

　　　主治医が、会社の業務内容をまったく知らないということがよくあります。業務内容を詳しく説明すると、就労可能という診断書を書いていた主治医が、「それではフルタイム勤務は難しい」などと意見を変更する場合が

あるからです。会社の業務内容、本人が担当していた業務内容を詳しく
説明しましょう。

(2)初診日

　いつからその病気で通院したのかを確認してください。場合によっては、
入社前から病気にかかっていたことが判明するケースもありますが、ことさ
らに虚偽の申告をした場合はともかく、そうではない場合は、これは入社
時のチェックが甘かったわけですから、この段階で会社から問題にするこ
とはできません。

　入社前から病気だったのが明らかであれば、業務と病気との関連性が
ないことを裏付ける事実になることもあります。

(3)薬の種類と量

　薬の種類がわかれば、今はインターネットなどで効用などを調べられます
し、産業医やその他の医師に問い合わせることもできますから、どの程度
の病状なのかを推察することが可能です。薬の量も、病状によって変わり
ますので、病状を推察するのに参考になります。

(4)フルタイムで働けるかどうか

　本人の業務の内容を十分に説明した後で、フルタイムでその業務につ
いても大丈夫かどうか、主治医の判断を仰いでください。仮にフルタイム
勤務が無理なようであっても、1日何時間程度、週何日程度なら可能か
の見解も聞いておきます。ただし、復職当初短時間勤務はやむを得ない
としてもどのくらいの期間でフルタイム勤務ができるかも聞く必要があります。
フルタイム勤務の目処が立たないようであれば、復職はできないと会社が
判断することも可能です。

(5)復職後は何に気をつけるべきか

　残業はさせないほうがよいか、元の業務に戻してよいかなど、会社が
気をつけるべきことを質問します。主治医が述べた点に配慮しておけば、
会社が過重な業務をあえて負わせて、病気を再発させたなどと後で主張

される可能性に備えることができます。

　また、会社が主治医の見解に従って、就労環境を配慮したにもかかわらず再発を繰り返した場合は、会社としてできることはすべて行なったといえることができ、将来やむを得ず退職してもらう際の重要な根拠になります。

❸ 総合的な判断

　復職の最終的な判断は、会社側が下すことになります。しかし、そこで「主治医の見解」を参考にしているかどうかが大きなポイントになるのです。本人と主治医の間には信頼関係が築かれている場合が多く、主治医の話を聞くことで誤解が解けるケースも少なくありません。仮にフルタイムは無理と判断し、いわゆる「リハビリ勤務」に入る場合にも、本人に納得してもらいやすい状況をつくることができます。

　本人が復職を希望している場合でも、たとえば主治医が「外回りの営業職は難しいが内勤の営業事務職なら可能だろう」などといった判断を下せば、本人も納得しやすいものです。

　また、産業医や会社指定の医師と本人が面談し、意見を参考にすることも必要です。

❹ 「リハビリ勤務」には合意書が必要

　正社員は、労働契約上はフルタイムで休職前に就いていた業務もしくはそれに相当する業務に就いて働く義務があるわけですが、どうしても無理な場合は「リハビリ勤務」に入ることになります。勤務時間を減らす代わりに給与も下がりますから、あらかじめ「合意書」を交わすほうがよいでしょう。

　たとえば、所定労働時間が8時間で、始業時刻が午前9時のところを午前11時に来ることで足りると話し合いで決まったとします。所定労働時間が8時間から6時間に変わるわけですから、2／8＝25％の賃金を減らす内容でリハビリ勤務期間の賃金を決めることなどが、従業員の納得も得やすいと思います。

　そこには、リハビリ期間についても明記し、もし病状が回復したら、通常の勤務形態に戻ってもらうことを伝えます。

　給与制度が業務内容に応じて賃金が下がるというものではない限り、

仕事の負担が軽くなっても本人の同意なく賃金は下げられないので、必ず文書で同意をとりましょう。

❺ 職場復帰支援の流れ

　次ページの図は、厚生労働省の「心の健康問題により休業した労働者の職場復帰支援の手引き」による職場復帰支援の流れです。

　特に重要なのが、職場復帰後の業務内容です。全く新しい業務では心理的負荷がかかる可能性がありますし、かといってこれまでと同じ業務内容を同じ業務行程で行なうようにすることも、問題がありますので、この点も本人と話しあって決める必要があります。

　また、病状や治療状況もすぐに変化することが多いので、復帰後しばらくは、通院の有無、治療内容などを確認しながら進めることが必要です。

職場復帰支援の流れ

第1ステップ・病気休業開始及び休業中のケア

① 労働者からの診断書（病気休業診断書）の提出
② 管理監督者、事業場内産業保健スタッフ等によるケア
③ 病気休業期間中の労働者の安心感の醸成のための対応
④ その他

↓

第2ステップ・主治医による職場復帰可能の判断

① 労働者からの職場復帰の意思表示及び職場復帰可能の診断書の提出
② 産業医等による精査
③ 主治医への情報提供

↓

第3ステップ・職場復帰の可否の判断及び職場復帰支援プランの作成

① 情報の収集と評価
　a. 労働者の職場復帰に対する意思の確認　　d. 職場環境の評価
　b. 産業医等による主治医からの意見収集　　e. その他
　c. 労働者の状態等の評価

② 職場復帰の可否についての判断

③ 職場復帰支援プランの作成
　a. 職場復帰日　　　　　　　　　　　　　d. 産業医等による医学的見地からみた意見
　b. 管理監督者による就業上の配慮　　　　e. フォローアップ
　c. 人事労務管理上の対応　　　　　　　　f. その他

↓

第4ステップ・最終的な職場復帰の決定

① 労働者の状態の最終確認
② 就業上の措置等に関する意見書の作成
③ 事業者による最終的な職場復帰の決定
④ その他

↓

職場復帰

↓

第5ステップ・職場復帰後のフォローアップ

① 症状の再燃・再発、新しい問題の発生等の有無の確認
② 勤務状況及び業務遂行能力の評価
③ 職場復帰支援プランの実施状況の確認
④ 治療状況の確認
⑤ 職場復帰支援プランの評価と見直し
⑥ 職場環境等の改善等
⑦ 管理監督者、同僚等への配慮等

4 復職不可能と判断した場合 その①

❶ 休職から派生した退職の種類

　会社側が「復職は無理である」と判断した場合には、退職させざるを得ません。休職から派生する退職には、大きく分けて3種類あります。

(1)合意退職

　本人も復職は無理であると納得しているケースです。本人の申出があれば、休職期間満了を待たずとも、退職手続きに移ることができます。退職届がないと合意退職が成立したとは認められない可能性が高いので、必ず退職届を受け取るようにしてください。

(2)「休職期間満了後の自然退職」は慎重に判断する

　就業規則に休職の条項が定められている場合、通常「休職期間満了時に復職の基準を満たしていない場合は自然退職とする」と記載されていることが多いと思いますので、理論上は本人の意思にかかわらず退職扱いにすることができます。

　ただし、就業規則に定めがあるから、出社できなければすぐに退職させることができると解釈するのは早計です。回復可能性がないかなどを検討したうえで、この条項を適用するか判断するべきです。回復の可能性が高いにもかかわらず退職扱いをした場合は、退職は無効となる可能性が高くなります。

(3)普通解雇

　就業規則に「休職期間満了時に復職の基準を満たしていない場合は解雇とする」などの定めがある場合、会社側が復職は不可能であると判断した場合は、普通解雇を行ないます。ただし、(2)で述べたとおり、回復可能性が高いにもかかわらず、解雇した場合は裁判所は「解雇権の濫

用」と判断し、解雇が無効となる可能性が高くなります。

❷ メンタルヘルスをめぐる裁判

　　メンタルヘルスが問題視されるようになったのはここ数年のことで、メンタルヘルス不全による解雇をめぐる裁判例はごく少数にとどまっています。実質的には、本人に裁判を戦う気力がないというのが大きな理由であると思われます。

　　その中でも、参考にすべき事例を1件紹介します。

事件の概要

・都内有数の大学進学実績を有する中高一貫教育の女子校に教員として勤務するAは、平成15年、体育の授業中に7名の携帯電話が盗まれるという事件が発生し、その対応に追われた。こうした中で不眠症状や食欲不振が起こり、同年11月にうつ病と診断される。

・平成16年、クラス担任となる。修学旅行などの行事が続いたことで症状は悪化し、うつ病の治療を受けながら勤務を続けるものの、平成17年2月には気管支喘息発作で入院し、11日間の欠勤。平成18年1月に3日間、2月から3月にかけて計29日間の欠勤、2学期が始まると「うつ病により3か月の休業が必要」との医師の診断書を提出し、学校はAを平成18年9月から12月まで休職とした。さらにAが平成18年12月、平成19年2月にも診断書を提出したため、学校はAの休職期間を延長した。

・平成19年6月に復職するも数日しか勤務することができず、同月18日から欠勤、23日から入院。6月29日付けの診断書では「約1か月の入院治療が必要だが、症状が安定すれば復職も可能と思われる」とある。

・同年8月30日、主治医の「復職可能」との診断を受けて9月1日より復職。学校側は簡易な業務を担当させて経過を観察したが、10月、11月に各7日間の欠勤、平成20年に入ってすぐに7日間の欠勤をした。

・同年1月26日、学校は校医とも相談のうえ、これ以上業務を続けさせることは無理であるとして退職を勧奨するも、本人は拒否。学校側は解雇に踏み切り、結果裁判に持ち込まれた。

J学園事件　平成22.3.14 東京地裁判決

　この裁判は、一審では、学校法人が敗訴しました。長期間にわたり勤怠不良が続き、学校側も職場復帰のために相当の努力をしたにもかかわらず裁判所は解雇を無効と判断しました。

　主な理由は2つあります。まず1つは、同校の就業規則によれば、「業務外の傷病により欠勤が引き続き90日を経過した時」に休職を命令することができるとの定めがあったにもかかわらず、これを守っていませんでした。つまり、90日間は休職期間は延長できたにもかかわらず、学校は休職期間を延長せず回復可能性を考慮しなかったのです。

　2つめは主治医の意見を聞こうとせず（校医が主治医に連絡はしましたが、それ以上の面談を設定しようとはしませんでした）、解雇に踏み切ったことです。先述のとおり主治医の意見は重視されますが、それすら聞こうとしなかったことを裁判所は問題にしました。

　この2つの理由で解雇が無効となったわけですが、非常に使用者にとって厳しい内容となっています。メンタルヘルス不全を理由とする解雇については、裁判所は今後も慎重に判断すると思われます。安易に解雇することは避けるべきです。

5 復職不可能と判断した場合 その②

❶ 判断を迷ったら休職期間を延長する

　　前項の事例からわかるとおり、メンタルヘルス不全の場合は、復職可能の判断がきわめて難しいものです。今後はこうした裁判も増えてくることが予測されます。復職させるか迷った場合は、休職期間を延長する、もしくは再び休職を命ずることがよいと思います。この点については異論も多いと思います。「就業規則の休職のルールがなし崩し的に意味が無くなる」などと批判されることもあります。しかし、円満に解決できている事例の特徴として、休職中の従業員が「ここまで待ってもらって申し訳ない。これ以上迷惑は掛けられないので自分から退職します」と申し出ることが挙げられます。義理と人情はメンタルヘルス問題において非常に有効に働きます。仮に会社の配慮を無にするような従業員がいたとしても、その後の裁判所や交渉において会社のこの姿勢が有利に働きます。裁判所や相手の代理人も「会社はここまで配慮してくれているのだ」ということは理解することが多いからです。

　　その中で、主治医も交えて何度か話合いの場を持ち、復職に向けての準備を進めるべきです。

　　また、先にも触れましたが、就業規則に「自然退職条項」があるから安心というわけにはいきません。この条項は解雇によらず退職させられるようにみえるので、取り入れている会社も少なくないようですが、復職可能であるにもかかわらず自然退職扱いした場合は、裁判所は退職を無効であると扱う可能性が高いでしょう。

❷ 就業規則を見直す

　　メンタルヘルス不全が国民病になりつつある今、就業規則にも押さえておくべきポイントがあります。休職から退職に至るまでのトラブルを回避するためには、就業規則を今一度見直しておくことが必要でしょう。

(1)欠勤期間を見直す

　前項の裁判例の、欠勤90日を経てから休職を命じる旨の条項は、現実的に考えて休職に入るまでの期間がかなり長いといえます。だからこそ、使用者も90日を待たずに休職扱いにしてしまい、そのことを裁判所から問題視されたわけです。しばらく改定をしていない就業規則の場合、同様の例があるかもしれないので、欠勤期間について一度見直しておくことをお勧めします。ただし、不利益変更になりますので、従業員個人の（書面による）同意もしくは所属する労働組合の同意が原則として必要になります。

　メンタルヘルス不全が問題になる以前の就業規則である場合、交通事故による怪我などを想定しているため、現実と乖離している場合が多いものです。

(2)通算条項を入れる

　メンタルヘルス不全の場合、休職と復職を繰り返すことが多いので、就業規則に「通算条項」を入れておくことも大きなポイントです。たとえば「復職後3か月以内に従前の休職事由と同一ないし類似の事由により欠勤した場合は、直ちに休職を命ずることができる」などの定めが必要でしょう。

(3)会社の指定医への受診命令条項を入れる

　現実問題として、会社の指定医を見つけることはかなり難しいかもしれませんが、会社の指定医への受診命令条項を就業規則に入れておくとよいでしょう。

❸ 退職に至るまでのフローチャート

　次ページの図を見ると明らかなように、退職に至るまでの流れをまとめると、いささか根気が求められる長さになります。初めて見る方は、これだけで気が重くなってしまうかもしれません。

　しかし「退職」というのは、その方の一生に関わる問題です。できるだけキメ細やかに、そしてナーバスに対応することが求められていることの表われでもあるといえるでしょう。

　まず「診断書を書いた医師にアポを取る」ところから始まり、状況が許せ
ば、会社指定の医師の受診をすすめたいところです。そのうえで「働ける」
「働けない」を慎重に判断し、復職させるか、休職命令を出すかを決めて
いきます。

　休職期間の間にも、何度か復職のチャンスを与える必要があります。
医師とも相談しながら復職の可能性を探るわけですが、数回のチャンスを
与えても復職できなかった場合に限り、初めて解雇などをすることができる
のです。くれぐれも乱暴な判断はしないようにしてください。

退職に至るまでのフローチャート

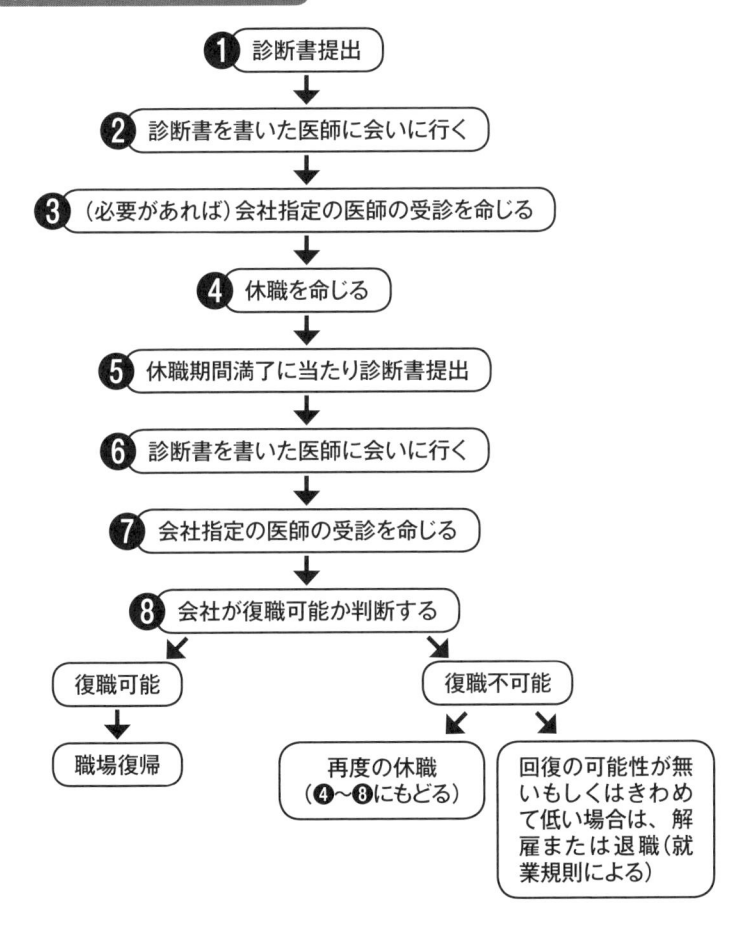

採用前にメンタル面の
病歴を聞くことは違法か？

「採用前に健康診断の結果やメンタル面での病歴を聞くのは、個人情報保護法違反になりますか？」

近年、このような質問を受ける機会が急激に増えています。個人情報保護法が施行されてからというもの、とりわけ従業員の健康状態や病歴に関する調査に二の足を踏む企業が増えてきています。

しかし、それと同時に、採用時に十分な調査を行なわなかったために、入社してから起きるトラブルの数も、また同じように増えているという事実もあります。

たしかに採用面接において、病歴や健康状態などを細かく確認すること、とりわけメンタル面の病歴を確認することは、なかなか行ないにくいことではあると思います。

しかし、使用者が健康状態を知らずに雇用をして、長時間残業などにより、健康状態が悪化することは、採用される労働者にとっても不幸なことだと思います。また、すでに述べたとおり個人情報保護法は、集めた個人情報を個人の同意なく第三者に提供することなどを禁止することを主な目的としており、個人情報を同意のもと取得することは何ら禁止するものではありません。

ぜひ、噂などに惑わされることなく、労働者のためにも、メンタル面を含む健康情報を確認するようにしてください。

第9章

ハラスメントについて

1　ハラスメント問題の影響力を考える

❶ もうハラスメントを軽視できない

　今回改訂された本書の初版は、もともと2012（平成24）年に出版されたものですが、当時の私は、「ハラスメント」問題は重要であるとは思いながらも、個別の労働問題の1つの論点としか認識しておりませんでした。しかし近年、その様相が一変していることは、みなさんご存じのとおりです。マスコミでは毎日のように「パワハラ」「セクハラ」問題が報じられ、一般企業ばかりか、政界もスポーツ界も、その責任問題に揺れています。ここ数年で、ハラスメント問題に関する“社会の目”は、驚くほど厳しくなっていると言わざるを得ませんし、ハラスメント行為に対する国民の拒否反応は、年々強まるばかりです。そうした背景から、改定版に「ハラスメントについて」の本章を加えるしだいです。

❷ ハラスメントの定義

　まず初めに「ハラスメント」の意味を押さえておきたいと思いますが、端的に言えば「嫌がらせ」「いじめ」といった意味です。一般的には加害者が意図的に行なった行為か否かを問題にするというより、受け手側が“不快”な思いをしたかどうかが問題視されています。

　ネットやテレビ番組などを見ると、「相手が嫌がったら、それはハラスメントに当たる」「イケメンから言われてもセクハラに当たらない」等の発言を見かけることがあります。たとえば、会社で「口紅の色、変わった？」などと声をかけられた場合でも、上司のAさんに言われた場合は「セクハラ」、イケメンの同僚Bさんなら逆に「うれしいのでセクハラに当たらない」といった論理がまかり通っているようです。

　しかし、法律家の立場から言えば、これは“大きな誤解”です。その行為がハラスメントに当たるか否かの判断基準は、あくまで平均的な受け手がどう感じるかになります。厚生労働省都道府県労働局雇用均等室にお

ける指針（「セクシュアルハラスメント対策に取り組む事業主の方へ」）において「男女の認識の違いにより生じている面があることを考慮すると、被害を受けた労働者が女性である場合には『平均的な女性労働者の感じ方』を基準とし、被害を受けた労働者が男性である場合には『平均的な男性労働者の感じ方』を基準とすることが適当です。」との記載があることも同じ趣旨にもとづくものです。

　もっとも、何をもって「平均的」と判断するかはかなり難しい問題ではありますが、被害者にとってAさんは嫌いな上司だから「セクハラ」、一方、イケメンの同僚Bさんに対してはお咎めなし、というわけにはいかず、あくまでその行為を受けた一般的な受け手がどう感じるかが判断基準であるという点を押さえておきましょう。

❸ ハラスメントが経営問題になる時代

　ある意味、この"誤解"が、企業内のハラスメント問題を助長しているともいえます。「自分は部下から好かれている」と勘違いしている上司が「このくらい言っても大丈夫だろう」とした発言により、部下が著しく傷ついているケースも少なくありません。場合によっては、上司によるハラスメント行為が、部下の精神疾患に繋がることもあります。

　また、ネット主流の現代社会では、上司の不適切な行為が、SNSなどで瞬時に拡散されてしまいます。それが事実であるかどうかの検証よりも早くその噂が広まってしまうので、書き込みを目にした就活生は、その企業には絶対に応募してこないでしょう。さらに近年は多くの企業が人手不足のため、労働者側の売り手市場なので、社内のハラスメント問題を"絶好のチャンス"と捉え、優秀な社員が辞める理由に使うケースも見受けられます。

　つまり、今やハラスメント問題は、重要な「経営問題」なのです。社内にその傾向が少しでも感じられる会社は、優秀な人材を採用できないばかりか、働き手がどんどんいなくなってしまうでしょう。

2 ┃ セクハラとは

❶ セクハラの類型——「環境型」と「対価型」

　ここからは、代表的なハラスメント問題を取り上げ、その肝となる部分を解説していきたいと思います。まずは「セクハラ」ですが、言うまでもなく「セクシュアルハラスメント」の略で"性的な"嫌がらせを意味します。

　セクハラは「環境型」と「対価型」の2つに分けられます。環境型とは、その職場で日常的に卑猥な発言が横行している、もしくは露出度の高い水着を着た女性のポスターが貼ってあるなど、その環境に身を置くこと自体が"不快"であるというケースです。

　一方、対価型は、「言う通りにしないと給料払わないぞ」と言わんばかりのムードで、性的な嫌がらせを行なうケースです。加害者が自分の"立場"を利用していることは明らかで、次に述べる「パワハラ」の要素を含んでいるともいえます。

　近年はこうしたセクハラとパワハラの「混合型」のハラスメントが増加の傾向にあり、記憶に新しいところでは、とあるテレビ局社員の録音テープにより、キャリア官僚が辞任に追い込まれた事件がありました。

　報道によれば、取材の席でセクハラ行為が行なわれていることが明らかであるにもかかわらず、被害者の上司は、そのまま取材を続けることを命じたようですが、このような行為自体がセクハラとは別のパワハラ行為に当たる可能性があります。

　言うなれば、これまでの日本社会は「我慢した人が生き残ってきた社会」であったわけですが、これからの時代はもう、平然と行なわれるセクハラ行為に目をつぶるわけにはいきません。

❷ 優良企業でこそセクハラは深刻化する

　「セクハラ」という言葉が流行語大賞の金賞に輝いたのは1989年のこと。それから約30年の歳月が流れ、セクハラ問題はさらに深刻化してきていま

す。まだ「セクハラ」という言葉が一般的でなかった昭和の時代から、性的な迷惑行為は、お役所や銀行などのお堅い組織でも起きていたようですが、被害を受けた女性にとって、その事実を表沙汰にすること自体が恥ずかしいという理由から、事件として表面化してきたのはごく一部だと思われます。さらに、恥ずかしさを乗り越えて裁判を起こしたとしても、もらえる慰謝料は思いのほか少ないといったこともあり、セクハラ問題はなかなか明るみに出ない傾向にありました。

　しかし近年のセクハラ問題は「優良企業」でこそ深刻化し、「私の人生を返せ」とばかりに訴訟を起こすのは、名の通った大企業にお勤めの方が圧倒的に多いと感じます。

　逆に言えば、ブラック企業でセクハラ問題は（存在はするのですが）紛争案件になるとは限りません。ブラック企業の従業員たちは、すでに会社に対して色々なことを諦めてしまっているからでしょう。これに対して、優良企業の場合、その企業に相当な期待を持って入社してくる方が多いので、大事な人生設計がたった1人の「セクハラ上司」のせいで台無しになってしまったとしたら…「私の人生を返して！」という怒りが爆発するのもわかります。

❸ 安易にセクハラを考える"おじさん管理職"が多すぎる

　セクハラ問題が深刻化する要因として、加害者に何ら"罪の意識"がないことも見逃せません。いわゆる「下ネタ」を含んだ冗談が女性社員にウケていると勘違いしている"おじさん管理職"のなかには、自分はモテていると思っている方さえいるのです。さらにエスカレートすると「あの子は自分に気がある」と思い込み、部下の女性に恋心を抱いてしまうケースさえあります。

　ここではっきり言っておきますが、"おじさん管理職"のつまらない冗談を笑顔で聞いてくれるのも、優しい言葉をかけてくれるのも、部下の女性にとっては、給料をもらっている"お仕事の一環"としての態度に他なりません。加害者に罪の意識がなければ、セクハラが繰り返されることになりますから、まずは社内で「『俺は大丈夫だ』は大丈夫ではない」という共通認識を持つことからスタートする必要がありそうです。

❹ セクハラは密室で起こる

　また、加害者側の言い分としてよくあるのは、「今までずっと嫌がってなかったのに、なぜ今頃になってセクハラの申し立てをするんだ」というものです。

　セクハラの多くは"密室"で起こります。周りに人がいる時は何食わぬ顔で仕事をしていても、その部屋で2人きりになったとたん、男性上司が近くにすり寄って来て「今日のストッキング素敵だね」などと言われたら…間違いなく女性の部下は不快に感じるでしょう。もしくは、忘年会の帰りに自宅の方向が同じ上司と2人きりでタクシーに乗車した際、膝の上に手を置かれ、ホテルに誘われたなどというケースもあります。

　いずれにしても、相手が上司とあらば、部下としてはあからさまに嫌な顔もできず、ひきつった笑顔を浮かべてお茶を濁すくらいがせいぜいでしょう。しかし、セクハラ行為がしだいにエスカレートしていくことに耐えかねた被害者が、半年後に訴えを起こす場合もあります。先の加害者の発言はそんな時に出るわけです。加害者はよく「今までは嫌だと言わなかったのになぜ突然そんなことを言うのだ」といった発言をしますが、「嫌と言われないから相手もOKだ」という論理は通用しません。

　仮にセクハラ行為がエスカレートして強制わいせつに至った場合などは、さらに被害者側の申告が遅れてもやむを得ないといえるでしょう。女性には「その事実を認めたくない」という心理も働きますし、すぐさま病院や警察に駆け込める強いハートを持つ方はそう多くありません。

　こうして、セクハラが闇に葬られるケースもあるわけですが、先にも触れたように、セクハラの芽を摘んでおかないと、そのうち「パワハラ」問題にまで発展しかねませんので、十分な注意が必要です。

❺ セクハラ発覚後の人事措置

　セクハラは、派遣社員や新入社員など、比較的立場の弱い人を狙って行なわれる場合が多く、ひと昔前までは、事件発覚後に被害者の女性が退職する場合がほとんどでした。しかし、近年はセクハラ発覚後の人事措置がスムーズに行なわれるケースも増え、セクハラ訴訟は減少の傾向にあります。ここで、適切な人事措置を行なうためのポイントを押さえておきましょう。

（1）被害者の供述の信用性を見極める

　社内でセクハラ問題が発覚した際は、まず被害者の供述に丁寧に耳を傾けることが大切です。セクハラは「密室」で行なわれるケースも多く、加害者と被害者の言い分が異なる場合がほとんどなので、なるべくセクハラ行為前後のLINEのやり取りなど、客観的な証拠の提出を求める必要があります。

　しかし人事担当者が、被害者に過度な同情心を持つのも好ましくありません。人間の心理というのは面白いもので、一旦自分の言い分が通ることがわかると、しだいに話が大きくなっていく傾向があるからです。未払い残業代訴訟などでも起こるのですが、ありもしない就業記録を主張してくるケースさえあります。つまり、供述の聞き取りはあくまで冷静に、その供述に具体性はあるか、不自然な変遷を遂げていないかなどを、客観的な立場から見極めるようにしてください。

　また、セクハラ問題の場合、「加害者との関係性」にも注意を払う必要があります。よくよく聞いてみたら、2人は過去に交際関係にあったなどというケースもあるものです。

（2）「物理的」「人事的」にも外すこと

　セクハラ行為が「強制わいせつ」レベル（暴行・脅迫を用いて性的行為を行なう等）にまで及んでいれば、即解雇でも問題ありませんが、それに至らない「迷惑行為」レベルの行為があったからといって、いきなり解雇するのは難しいと思います。

　まずは、加害者と被害者を「物理的」に離してください。両者が同じ部署に在籍していた場合、一般的には、加害者を配置転換させるべきでしょうが、企業によってはその人をどうしても動かせないケースがあるかもしれません。その場合はやむなく被害者の配置転換を行ないますが、本人ばかりでなく、同じ部署の人たちにも不満が残らないよう、細心の注意が必要です。

　また、管理職として不適当と思われる場合は、役職を外すなどの人事的措置を行なってください。私の経験から申し上げますと、セクハラ行為

をする方が再びセクハラをする確率は高く、人事異動などで環境を変えても、また同じ行為が繰り返される可能性を考えると、その人物に「管理能力はない」と判断すべきでしょう。

(3)決して被害者の申告を無視してはいけない

　以前は、セクハラ申告後、上司が「まあ、ちょっと我慢してよ」などと言ってうやむやにすることもありましたが、現在はそのような対応が許される時代ではありません。被害者側から会社の対応が不十分であると抗議を受けたり、別の従業員から「私も被害を受けていた」等の声が上がったりする可能性があります。

　さらに、会社にセクハラ被害を訴えたのに対応をしてくれなかったとして、辞めた社員が転職サイトへセクハラについての書き込みを行ない、その影響で正社員のみならず、パートやアルバイトの採用が難しくなってしまった会社もあります。

　大事なことなので繰り返しますが、セクハラは重要な「経営問題」です。現在の社員も未来の社員も、会社側の対応に目を光らせていることをくれぐれも忘れないでください。

3　パワハラとは

❶ パワハラの定義

　　次に「パワハラ」=「パワーハラスメント」についてみていきたいと思います。厚生労働省によるパワハラ対策についての総合情報サイト「あかるい職場応援団」の「パワハラ基本情報」には、「職場のパワーハラスメントとは、同じ職場で働く者に対して、職務上の地位や人間関係などの職場内での優位性を背景に、業務の適正な範囲を超えて、精神的・身体的苦痛を与える又は職場環境を悪化させる行為をいいます。」とあります。

　　ちなみに、このサイトはとてもよくできているので、動画なども含め、社内研修用の教材としてぜひご活用ください。

『あかるい職場応援団』のトップページ

※ https://www.no-pawahara.mhlw.go.jp/

❷ パワハラの6類型

同サイトによると、パワハラは以下の6つに分類されます。

> (1) 身体的な攻撃
> 　　蹴ったり、殴ったり、体に危害を加えるパワハラ
>
> (2) 精神的な攻撃
> 　　侮辱、暴言など精神的な攻撃を加えるパワハラ
>
> (3) 人間関係からの切り離し
> 　　仲間外れや無視など個人を疎外するパワハラ
>
> (4) 過大な要求
> 　　遂行不可能な業務を押し付けるパワハラ
>
> (5) 過小な要求
> 　　本来の仕事を取り上げるパワハラ
>
> (6) 個の侵害
> 　　個人のプライバシーを侵害するパワハラ

　また、同ページに「何が業務の適正な範囲を超えているかについては、業種や企業文化の影響を受けるため、各企業・職場で認識をそろえ、その範囲を明確にすることが大事です。」とありますが、まったくもってその通りだと思います。せっかく国が無料でこのような教材を提供してくれているのですから、存分に活用し、社内の"共通認識"を育んでください。

❸ パワハラ加害者の特徴

(1) 自覚がない

　これはセクハラ加害者にも共通する点ですが、当事者に限って社内のハラスメント講習で居眠りをしていたりします。自分のことを言われているとは夢にも思わず、私が講師を務めた講習会の最後に「部下から嫌がらせを受けているんですが、これは逆ハラスメントじゃないでしょうか？」などと真顔で質問され、驚いたこともありました。自覚がないので、その態度が改善されるはずもなく、パワハラもまた同じように繰り返されることになります。まずはその行為がパワハラに当たるということを、本人に認識して

もらうことから始めなくてはなりません。

(2)パワハラ上司には仕事はデキる人が多い

　いわゆるパワハラ上司は、仕事がデキる、もしくは経営者の受けが良い方が多い傾向があります。なぜなら、経営者の代わりに部下に厳しいことを言い、職場に緊張感をもたらす、いわゆる“憎まれ役”を買って出ているような人もおり、それが行き過ぎている場合が多いからです。もしくは、顧客のためを思うあまり、そのしわ寄せが部下に行き、その過程でパワハラが起きることもあります。パワハラ上司は、経営者や顧客に受けが良いのが特徴で、本人にパワハラの自覚はほとんどありません。むしろ、「俺ほど会社に貢献している人間はない」と勘違いしている場合も多いのです。

　そのため、1つの事件がきっかけで、パワハラ上司の過去のパワハラ行為が突如、問題として浮上してくることも珍しくありません。

❹ パワハラは経営問題に発展する

(1)重大労災問題に発展する

　仕事がデキる上司の場合、「自分も先輩に厳しく育ててもらったから」と、自分の部下には敢えて厳しい「教育的指導」をしている方も多いのですが、時代が大きく変わっていることを知ってください。

　今の若手社員には、親にさえ怒られた経験のない人がたくさんいるのです。そのため、上司に厳しくされたことから、うつ病を発症してしまうケースもあります。

　このように、労働災害問題に発展してしまうと、マスコミも黙っていません。某大手広告代理店の新入社員が長時間労働により心身を病み、自殺してしまった事件がありましたが、結局、同社の社長は全責任を取って辞任しました。

　最初の火種は小さくとも、そのうち会社の根幹を揺るがす大問題に発展する可能性があるということを、肝に銘じておいてください。

(2)派閥抗争に発展する

　近年、スポーツ界でもパワハラ問題が大きく取り沙汰されていますが、じつはその陰に「派閥抗争」を含んでいる場合も少なくありません。これまでそのスポーツを支えてきた名指導者も、"蜂の一刺し"で、ある日突然、刑事被告人のような扱いを受けるようになるわけですが、かねてからその指導者の席を狙っていた他の派閥から、情報がリークされている場合もあるものです。もちろん、一般企業の役職者による派閥争いに、ハラスメント問題が利用されるケースも無きにしも非ずです。

(3)集団退職に発展する

　セクハラ同様、パワハラ問題でもその人事的措置が遅れると、会社側の対応に不満を持った社員が、集団で退職してしまう可能性もあります。人手不足の時代に集団退職が起きてしまえば、回復不能な損害が生じてしまいます。そうなってからでは、手の打ちようがありませんから、時代にそぐわないやり方で部下を指導する役職者には、注意喚起が必要です。

❺ パワハラはトップが止めるしかない

　私がパワハラ訴訟のための聞き取りを行なっていて感じるのは、パワハラ加害者に、同情心を抱く経営者が多いということです。

　時には、これまで自分の右腕となり、頑張ってきてくれたベテラン幹部を辞めさせないといけないケースも出てくると思いますが、その人がいることで、経営が立ちゆかなくなることを考え合わせると、それはもう、経営トップにしかできない苦渋の決断なのです。

　近年、パワハラに関する労働相談件数は右肩上がりに上昇しています。裁判ともなると、「こうなる前に、もっと早く打てる手はなかったのか…」経営者の方はみな、こんなことをおっしゃいます。

　たとえ敏腕営業部長であろうと、「見て見ぬふり」は禁物です。くれぐれも、経営者は社内のパワハラ問題を放置しないようにしてください。

4 | マタハラとは

❶ マタハラの定義

　本章の最後に「マタハラ」=「マタニティハラスメント」についてみていきたいと思います。マタハラとは、文字どおり、妊娠・出産をきっかけに起こる職場での精神的・肉体的な嫌がらせや不利益を被る不当な扱いを意味する言葉です。

　「働き方改革」に関する第2章でも述べましたが、これからの日本が発展し続けるためには多種多様な労働者を受け入れていくしかありませんから、産休・育休などの労働者の権利や、時短勤務などの多様な労働スタイルを「当然のこと」として認めていく社風をつくる必要があるでしょう。

❷ マタハラの立証は非常に難しい

　従来、マタハラの立証責任は労働者側にありました。たとえば、課長職を務めていた女性が、育休後に復職したら、別の部署に配置転換され、そこにはすでに課長がいたので、彼女は課長補佐に降格されたとします。果たしてこれがマタハラに当たるかどうか……。当然、会社側には「ポストがありません」といった正当な言い分がありますから、じつは、その立証を労働者がするのは、非常に困難なことでした。

　あるマタハラに関する最高裁判例（最高裁平成26年10月23日判決）がきっかけで、厚生労働省から通達（雇児発0123第1号　平成27年1月23日）が出ました。次ページのチャートのとおり、原則として、妊娠・出産、育休等の事由から1年以内に不利益な取扱いがなされた場合は「契機」としていると判断され、会社側が"推定有罪"（違法と推定）とされてしまうのです。

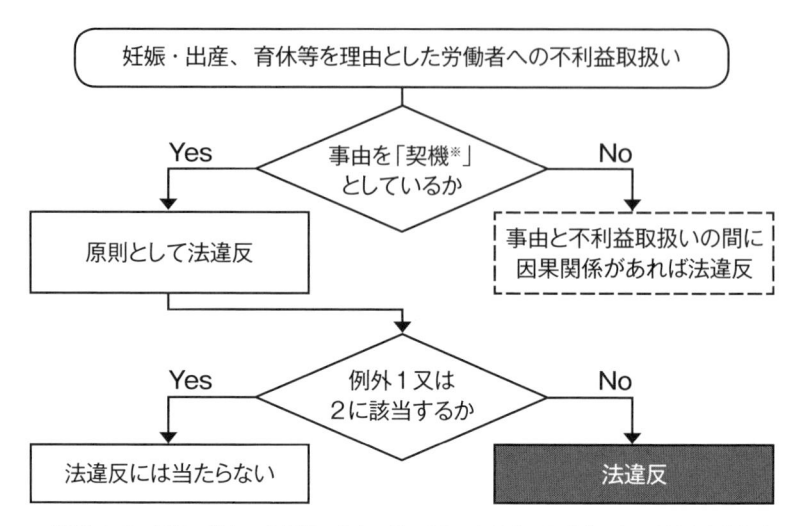

妊娠・出産、育休等を理由とした不利益取扱い

妊娠・出産、育休等を理由とした労働者への不利益取扱い

事由を「契機※」としているか

Yes → 原則として法違反

No → 事由と不利益取扱いの間に因果関係があれば法違反

例外1又は2に該当するか

Yes → 法違反には当たらない

No → 法違反

※原則として、妊娠・出産、育休等の事由の終了から1年以内に不利益取扱いがなされた場合は「契機」としていると判断する

❸ 会社に求められる立証責任

　上記のチャートから読み取ってほしいことは、会社側が"推定有罪"を逃れるためには、逆に自分たちが事実上の立証責任を負う必要が出てきたということです。

　会社が証明すべきことは「例外1」と「例外2」についてです。例外1は「業務上の必要性から不利益取扱いをせざるを得ず」、「業務上の必要性が、当該不利益取扱いによる影響を上回ると認められた特段の事情が存在するとき」です。この「特段の事情」がポイントです。これは裁判所がよく好んで使う言葉で、まずほとんど認められない例外的な事情であることを指します。

　例外2は「労働者が当該取扱いに同意している」場合で「一般的な労働者であれば同意するような合理的な理由が客観的に存在するとき」です。

　ここで有効なのは、人事措置を行なう前に、従業員に説明を行ない、次ページのような「同意書」を取っておくことです。

「育休職場復帰同意書」の例

同　意　書

1　私は、本日、私の○○年○月○日以降の労働条件について説明を受けました。
2　業務上の負担軽減として、締め切り前の残業時間が多くなる編集第一部から過去に勤務経験のある総務部に変更となること、今後は、残業は原則として無いこと等の説明を受け、育児休暇後の職務・賃金については、以下の通り変更されることについて同意します。

変更前		変更後	
部署	編集第一部	部署	総務部
主な業務内容	編集責任者	主な業務内容	総務
業務上の負担	産休前の1か月 平均残業時間○時間	業務上の負担	短時間勤務および 原則として残業無
役職	課長	役職	課長代理
総支給額	35万円 (役職手当3万円)	総支給額	33万円 (役職手当1万円)

年　　月　　日

株式会社○○○○
　代表取締役　○○○○殿

住所：＿＿＿＿＿＿＿＿＿＿＿＿
氏名：＿＿＿＿＿＿＿＿＿＿＿＿

　単に口頭で「わかりました」といった了解を得るだけではなく、きちんと書面にして、残業がなく、休暇も取りやすい部署への異動であるというメリットや、その部署にはすでに課長がいるので、事実上の降格にはなるが、減給はしないといったことを明記し、署名捺印をもらいます。

　とくに減給や降格が行なわれる際には慎重に対応しないと、先の「契機」によるマタハラとして立証されてしまうので、注意が必要です。

❹ マタハラもまた「経営問題」に発展する

　セクハラやパワハラもそうですが、「この会社でマタハラ問題が起きている」とネットの掲示板にでも書き込まれれば、ただでさえ人手不足の中、女性の採用は絶望的になってしまいます。とくに女性のコミュニケーション力の高さは男性の比ではありませんから、その噂はあっという間に広まってしまうことでしょう。

　今や、女性の労働力をも十二分に活用しなければ、日本の国力は維持できません。そのためには、社内に「マタハラ」の起きないしくみ作りが急務といえるでしょう。

column

パワハラ加害者の
タイプを考えて対応する

パワハラ加害者についてざっと分類してみました。事実上重複しているところもありますが、業務の参考にしていただければと思います。

代表的なパワハラのタイプの特徴と対策

名称	特徴と対策
部下いびりタイプ	退職者が続出するが、加害者本人に自覚はなく、配置転換すると恨まれる。気をつけるしか対処法がない
能力限界型	能力を超えて管理職の仕事を任され、感情的になってしまう。会社が人的、物的にサポートすれば変わる
被害者型	自分が昔やられたパワハラを部下にもする。行動は直らないので、部下がいない地位に配置転換する
経営者重用タイプ	経営者代わりに厳しいことを言わせているので処罰も難しい。部下の一斉告発で降格、解任されることが多い
信念タイプ	信念にもとづいているのでパワハラ行動は直らないが、仕事はできる。部下を持たずに活躍してもらう
部下との相性タイプ	他の部下とパワハラで問題になっていなければ、部下の配置転換も選択肢としてあり得る
セクハラ混合タイプ	セクハラを断った後の仕返し。人格的に歪んでいる場合が多いので重く処罰すべき。退職勧奨も可能
セクハラパワハラ混合タイプ	最近の地方銀行、財務省事務次官とマスコミ社員の事例。先方がお気に入りの女性を指名してきても、やんわりと経営者が断れるかが試される
精神疾患タイプ	どなる、殴る、気分の激しい浮き沈み等、加害者の私生活等に問題や精神疾患が原因の場合もある。懲戒処分も行なうべきだが、事情によっては休職も検討する
社内権力闘争タイプ	会社が些細なパワハラを重く処罰しようとしている気配を感じる。慎重に対応しないとこちらが巻き込まれる
被害者による上司追い落としタイプ	大げさに申し立てて上司の追い落としを図る。部下の配置転換可能。ひどい虚偽申告の場合は懲戒処分も可能
部下や同僚からのパワハラ	権力者の威光を借りる部下や同僚によるパワハラ。学校法人や地方公共団体や公益団体などに散見される。自殺や退職により明るみに出る場合が多い
ローパフォーマー対策や組合対策パワハラ	ローパフォーマー対策と称して会社が行なってしまうタイプのパワハラ。「無視」「隔離」「排除」はやめること
私生活注意兼いじめ型パワハラ	加害者は憂さ晴らし兼注意のつもり。「被害者は逃げられない、訴えない」と思っていて非常に悪質。人格に根付くパワハラ行動で直らない。重い懲戒も視野に入れる

第10章

退職・定年・再雇用の注意点

1 ｜「退職」とは何か

❶ 退職に至るケース

　　第7章で解説した「解雇」も退職の一種ですが、本章では、解雇以外の退職についてのしくみと実務上の知識を解説していきます。

　　「退職」とは、労働契約が解消されることをいいます。解雇以外の退職に至るケースとしては、辞職、合意退職、契約期間満了退職、休職期間満了退職、定年退職、死亡退職などがあります。

　　行方不明の従業員については、本人が不在なので解雇通知をすることができず、「解雇」することはなかなか難しいですが、就業規則に「行方不明期間が○か月を超えたものは退職扱いにする」などの一文があれば、退職扱いにしても問題にはならないでしょう。

❷ 辞職と合意退職

　　退職の意思表示には2つの方法があります。1つは辞職の申出、もう1つは合意解約を申し入れる場合です。

　　辞職とは、要するに、誰になんと言われようと絶対に会社を退職するという固い決意を表明することです。合意解約申入れは、会社が認めてくれるなら、できれば退職したいという控えめな意思表示のことを指しています。

　　いったん辞職を申し出れば、撤回することはできず、14日経過後に退職することになります。合意解約の申入れは撤回が可能で、使用者が合意しない限り、退職の効力は生じません。ただし、使用者が合意した場合には、撤回することができません。ここは少しわかりにくいところですので、具体例で説明します。

　　たとえば、従業員と社長が言い争いになり、従業員が「こんな会社辞めてやる」と言い捨てて会社を飛び出したとします。このような場合、従業員は合意解約の意思表示をしたと解釈されます。一時的な感情から「辞めてやる」と述べただけで、必ず会社を退職したいという辞職の意思を示

したわけではないからです。

　この社員が、次の日「すみませんでした。やはり会社で働かせてください」と言えば、合意解約の意思表示を撤回したことになり、退職せずに働くことができます。

　別の言い方をすれば、その社員が「こんな会社辞めてやる」と言ったとき、退職届を書いてもらい、それを受けて会社が退職を承諾したという文書を渡せば、会社が退職を承諾した時点で合意退職が成立していますので、その社員は退職の意思表示を撤回することができません。トラブルを避けるためにも退職届を提出してもらい、退職承諾書を渡すようにしましょう。

退職承諾書の例

退職承諾書

○○○○殿

○○年○月○日
代表取締役　　○○○○

　○○年○月○日付貴殿発当社宛退職届記載のとおり、貴殿が○○年○月○日付で当社を退職されることを、当社として承諾いたします。

以上

2 退職勧奨のポイント

❶ 解雇規制の「受け皿」としての退職勧奨

　　第1章で述べたとおり、厳しい解雇規制とバランスをとるために、労働法にはいくつかの「緩い規制」が設けられていますが、「退職勧奨」は比較的広く認められる傾向があります。

　　裁判においても、退職勧奨自体が違法であると判断されることはめったにありません。退職を拒否しているにもかかわらず、10回以上もの執拗な退職勧奨を行なったなど、極端な事案のみが違法とされているに過ぎません[※]。そのほか退職すると答えるまで軟禁したり、複数名で執拗に説得する、といったような極端なことがなければ、退職勧奨が違法とされることはないのです。

　　退職勧奨とひと口にいっても、何をどこまで行なってよいのかが判然としないという質問をよく受けますが、心配することはありません。解雇とは異なり、極端な言い方をすれば、退職勧奨に理由はいらないからです。

❷ 「大人の交渉」に持ち込む

　　会社としては、退職勧奨は「条件交渉」のテーブルに持ち込むべきです。労使ともども感情的になることが多いのですが、冷静に話を進めるよう努力しましょう。

　　会社側は淡々と、退職してほしい理由と退職してもらうための条件を提示します。たとえば、その社員の能力が低いのであれば、能力が低いと言えるだけの具体的な根拠を伝えます。顧客や同僚からの苦情、営業成績の低さを示す数字などの具体的な根拠があるはずです。

　　退職勧奨の際、相手を傷つけまいと具体的な理由を伝えないケースが多いのですが、はっきりと伝えてください。退職勧奨を受けた方はショック

※　下関商業高校事件　昭和52.1.24　広島高裁判決

を受けるとは思いますが、時間をかけて粘り強く説得し、納得してもらうしかありません。退職勧奨はあくまで「大人の交渉」であるべきです。その人の将来について、会社側もできる限りのことをしようという誠意を示し、後は「これなら呑める・呑めない」を交渉していくというわけです。

　この粘り強い交渉が苦手だったり、面倒くさいと思ったりして、いきなり解雇してしまうケースも実際は少なくないのです。使用者側の人事・労務担当のみなさんには、退職を勧めることで円満な労使関係を築くことができるよう努力していただきたいと思います。

3 定年後の継続雇用

❶ 定年制は年齢差別!?

　アメリカでは、「年齢差別」に当たるとして、40歳以上の定年制を禁止している州もあります。これは、会社が求める能力を発揮できる人は、いくつになっても働けると考えられている、ということを意味します。

　一方、日本では能力不足による解雇はほとんど認められません。再三繰り返しますが、日本は解雇規制が異常なまでに厳しいですから、新陳代謝を促す制度がなければ、新しい人を雇えません。そういった面からすると、定年制も厳しい解雇規制とのバランスで存在しているといえます。

❷ 高齢者の雇用確保措置

　企業の雇用確保義務年齢は、高年齢者雇用安定法により、2006(平成18)年4月1日から段階的に引き上げられました。2013(平成25)年4月1日からは65歳となり、以下の3つの措置のいずれかを選び、制度化しなければなりません。

　① 定年年齢を65歳以上に引き上げる
　② 現在雇用している高齢者が希望する場合、定年後も継続して雇用する制度を導入する
　③ 定年制度そのものを廃止する

　現状では、ほとんどの会社が②を採用していますが、2013(平成25)年3月31日までに継続雇用制度の対象者を限定する基準を労使協定で設けている場合、以下の年齢以上の方に対して継続雇用の対象者を限定する基準を適用することができます。

　・2016年3月31日までは61歳以上の人に対して

・2019年3月31日までは62歳以上の人に対して
・2022年3月31日までは63歳以上の人に対して
・2025年3月31日までは64歳以上の人に対して

※ また、就業規則に定める解雇・退職事由(年齢に係るものを除く)に該当する場合には、継続雇用しないことができます。ただし、継続雇用しないことについては、正社員の解雇と同様に客観的に合理的な理由があり、社会通念上相当であることが求められます(高年齢者雇用確保措置の実施及び運用に関する指針[平成24年厚生労働省告示第560号])。

❸ 再雇用をめぐるトラブル　～長澤運輸事件の事例～

定年後再雇用で大きく話題になったのが長澤運輸事件最高裁判決(最判平成30年6月1日)です。事案の概要等は以下のとおりです。

① 事案の概要

定年退職後に有期契約で再雇用された社員が正社員との賃金の相違が労働契約法第20条に違反するとして正社員と同じ賃金の支払等を求めて訴えを提起した事案です。

② 当事者

被上告人(被告)：運送会社、従業員数66名
上告人ら(原告ら)：定年退職後再雇用された従業員(乗務員)3名

③ 労使交渉の経過

高年齢者雇用安定法改正に伴い、2005(平成17)年1月、再雇用に関する労使協定を締結しました。組合は定年退職前と同額の賃金を要求したが会社は応じず、原告らはやむを得ず、会社提示の雇用契約内容で再雇用契約を締結しました。

④ 長澤運輸事件における労働条件の相違点

労働条件の相違点は以下のとおりです。

【正社員】
基本給(在籍給・年齢給)＋能率給＋職務給＋各種手当

　※ 在籍給＝1年目89,100円＋800円／年(121,100円上限)
　　年齢給＝20歳0円＋200円／1歳(6,000円上限)
　　能率給＝歩合
　　職務給＝職種(乗務する車の種類)による定額

【嘱託乗務員】
基本賃金＋歩合給＋各種手当

　※ 基本賃金＝月額125,000円
　　歩合給＝正社員の能率給の約2倍〜3倍の係数

　労働契約法第20条は、期間の定めがあることによる不合理な労働条件の禁止を定めています。定年後再雇用も有期雇用契約ですので、無期雇用である正社員との労働条件の相違が不合理であり違法であると主張したのです。

長澤運輸事件における労働条件の相違

	正社員	嘱託乗務員
能率給	あり	なし(歩合給)
職務給	あり	なし(歩合給)
精勤手当	あり	なし
住宅手当	あり	なし
家族手当	あり	なし
役付手当	役付者(班長・組長)対象	なし
調整給(※)	なし	あり
賞与	あり(基本給の5か月分)	なし
退職金	あり	なし

(※)年金不支給期間について

⑤ 最高裁判決の内容

　最高裁は、不合理性の判断には、賃金総額の格差のみならず、各種手当支給の趣旨を個別に考慮することが重要であるとして以下のとおり個別の手当について判断しました。

(1) 嘱託乗務員には能率給及び職務給が支給されていないが、補完的に歩合給が支給されているので、不合理とはいえない。

(2) 嘱託乗務員に精勤手当が支給されていないが、精勤手当の支給目的から言えば、嘱託乗務員にも支給されるべきで、労働契約法第20条に違反し不合理にあたる。

(3) 嘱託乗務員に住宅手当及び家族手当が支給されていないが、これらが従業員の正社員としての身分に対する福利厚生及び生活保障の趣旨で支給されていることを考えれば、不合理とはいえない。

(4) 嘱託従業員に役付手当が支給されていないが、当該手当は正社員の中の一定の役職についている者に支給されるものであることを考えれば、不支給であっても不合理とはいえない。

(5) 嘱託乗務員の超過勤務手当の計算ベースに精勤手当が含まれなかったために、正社員との超過勤務手当の計算ベースに相違があったが、精勤手当をベースに含めることとすれば当該不合理は改善される。

(6) 嘱託乗務員に賞与が支給されないが、定年退職後の再雇用であり、退職金も受領済みで会社側から調整給も支給されており、不合理とはいえない。賃金総額が正社員時の80％程度であり、この点からも不合理とはいえない。

⑥ 長澤運輸事件最高裁判決のポイント
　(1) 手当等賃金項目ごとに判断することを明らかにした

　長澤運輸事件地裁判決、同高裁判決共に手当等賃金項目ごとに比較することはせずに総額を比較して労働契約法第20条の「不合理」性を判断しました。原告の従業員側も「同じ仕事をしているのに定年後再雇用というだけで賃金を削減するのはおかしい。定年前の賃金に戻せ」と要求していたわけですから、本音では手当がどうこうというよりも総額を問題視していたはずです。ところが、最高裁判決では手当等賃金項目ごとに労働契約法第20条の「不合理」性を判断することになりました。そのため、今後は定年後再雇用後の賃金については、「定年前からいくら下げたら違法になるのか」ということではなく、賃金項目ごとに「不合理」性を判断することになります。

(2) 定年後再雇用の特殊性を考慮した

　今回の最高裁判決の大きなポイントは、労働契約法第20条の「その他の事情」として定年後再雇用の特殊性を考慮に入れたことです。定年後再雇用という特殊な制度を考慮に入れることができないと一審判決のような企業にとって非常に厳しい結論が出かねなかったことから、企業側にとっては常識的な判断内容となりました。

　たとえば、家族手当・住宅手当については日本郵便事件東京・大阪事件判決では正社員のみに支払い期間雇用従業員に支払わないことは違法であると判断されましたが、長澤運輸事件最高裁判決では「嘱託乗務員は，正社員として勤続した後に定年退職した者であり，老齢厚生年金の支給を受けることが予定され」ていることを理由に定年後再雇用従業員への家族手当・住宅手当不支給を適法であると判断しました。

(3) 不合理性判断がわかりづらい

　今回の最高裁判決は定年後再雇用の特殊性を「その他の事情」として考慮に入れることにしたため、不合理性の判断がわかりづらくなっていると思います。定年前正社員と定年後再雇用との賃金を比較したり、年金不支給期間への配慮、労使交渉の経緯・説明内容、代替賃金の内容（単に手当を廃止しただけなのか・代替賃金を創設したか）を

問題にしており、今後、定年後再雇用後の労働条件が「不合理」であるかを判断するうえで幾分わかりづらいものとなっております。

(4)定年後再雇用後の労働条件をどう設定したらよいかが読み取れない

　今回の長澤運輸事件最高裁判決を受けて、お客様から一番多かった質問は「結局、定年後再雇用は定年前に比較していくら賃金を支払えばよいのでしょうか？」というものです。「ケースバイケースですね」と答えるのは簡単なのですが、それでは具体的な回答にはなりません。今回の最高裁判決では具体的な基準がわかりづらく、定年後再雇用後の労働条件をどのように設定したらよいかが読み取りづらいという特徴があります。

❹ 「長澤運輸マトリクス」による考察

(1)「長澤運輸マトリクス」を作成したきっかけ

　前述のとおり、私は、長澤運輸事件最高裁判決を読んでも、具体的事例において、定年後再雇用後の労働条件をどのように設定したらよいかが読み取りづらいと感じました。そこで、長澤運輸事件最高裁判決を図にして説明すればよいのではないかと考えて作成したのが「長澤運輸マトリクス」（231ページ参照）です。

　判決内容からすると、「職務の内容・職務の内容及び配置の変更の範囲の同一性」と「手当と職務の関連性」を軸に図を書けばよいのではないかと思いましたが、長澤運輸事件最高裁判決は定年後再雇用の特殊性を重視していましたので、うまく図を書くことができません。作図のヒントは意外なところにありました。

　ある日、テレビでサッカーのワールドカップ日本代表戦（セネガル戦）を見ていると、日本代表がオフサイドトラップを仕掛けていました。オフサイドトラップというのは、サッカーの守備の戦術で攻め込んでくる選手とすれ違うように守備側選手が一斉に前へ出て、攻撃側の選手をオフサイドの位置に残すというものです。日本代表が一斉にオフサイドラインを上げて、セネガル代表がオフサイドトラップに掛かったことを覚えています。そこで、定年後再雇用後の労働条件についてはオフサイドラインのよう

に上下させて、違法・適法ラインを動かすことができるのではないかと思いついたのです。

(2)大きな軸は2つ

　マトリクスを考えるうえで大きな軸は2つあります。横軸は「職務の内容・職務の内容及び配置の変更の範囲の同一性」、縦軸は「手当と職務の関連性」です。労働契約法第20条では、労働条件の相違が不合理と認められるかどうかは職務の内容、職務の内容及び配置の変更の範囲を考慮すると定められているため、横軸の「職務の内容・職務の内容及び配置の変更の範囲の同一性」は重要な要素となります。また、長澤運輸事件最高裁判決は、手当ごとに適法性を検討することを明確にしたため、手当ごとに検討する必要があり、手当によっては職務との関連性にかなり開きがあることから、「手当と職務の関連性」を縦軸にすることとしました。

(3)その他の考慮要素を適法・違法ラインの位置決め要素とする

　長澤運輸事件最高裁判決から、以下の要素が適法・違法ラインの位置決め要素として挙げることができると思われます。

・定年前年収から再雇用後の年収がどの程度減少したか
・年金不支給期間への配慮
・労使交渉の経緯・説明内容
・代替賃金の内容(単に手当を廃止しただけなのか・代替賃金を創設したか)

(4)実際の当てはめ
①職務の内容・職務の内容及び配置の変更の範囲の同一性について

　職務の内容・職務の内容及び配置の変更の範囲の同一性については、長澤運輸事件の原告の定年前の業務と定年後再雇用後の業務が全く同じであるため、同マトリクスでは右側に各種手当を配置することになります。

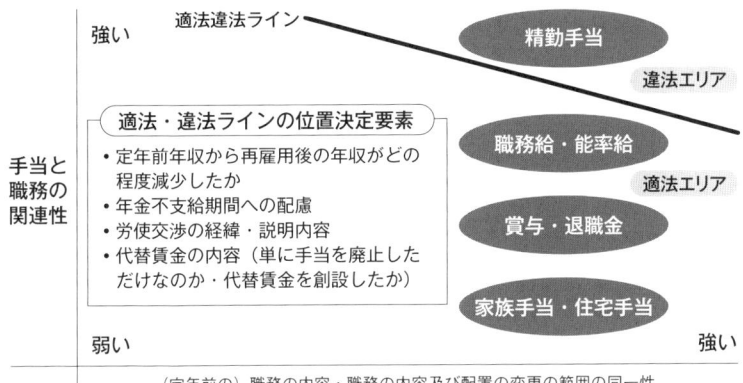

②精勤手当

　精勤手当については、欠勤等をせずに出勤すればもらえる手当であり、職務との関連性が強いといえます。そのため、手当と職務との関連性は一番高いと判断して、一番上に位置づけました。

③職務給・能率給

　職務給・能率給はいずれも職務との関連性は強いのですが、精勤手当よりは職務との関連性は強くないと私は判断しました。

　職務給は一定の運送車両に乗務すれば定額の手当が受給できるものであり、能率給は歩合制ではあるものの、一定の業務量は確保されているため、一定額の歩合給はある程度受給できるものであると思われるからです。

　そのため、職務給・能率給については、手当と職務との関連性の観点においては精勤手当の次に手当と職務との関連性が高いと位置づけました。

④賞与・退職金

　賞与・退職金は、賞与については生活給の側面、退職金については賃金の後払性格を有している福利厚生の性格も有しており、職

務との関連性はそれほど強くありません。そのため、職務給・能率給の次に手当と職務との関連性が高いと位置づけました。

⑤家族手当・住宅手当

　家族手当・住宅手当は職務との関連性が低いため、手当と職務との関連性は一番低いと位置づけました。

⑥適法・違法ラインの線引き

　最高裁は、以下のとおり諸事情を考慮して精勤手当不支給のみを違法と判断しました。本稿で言えば、以下の事情を考慮して、適法・違法ラインを精勤手当と職務給・能率給の間に置きました。

・定年前年収から再雇用後の年収がどの程度減少したか→年収21％減に留まった
・年金不支給期間への配慮→年金不支給期間に調整給を2万円支払った
・労使交渉の経緯・説明内容→労働組合との交渉を行なった
・代替賃金の内容（単に手当を廃止しただけなのか・代替賃金を創設したか）→職務給・能率給を定年後再雇用において支給しない代わりに基本給を増額し、能率給よりも歩合率を上げて歩合給を設定した

　もっとも、以下の事情があれば、適法・違法ラインは下がり、たとえば職務給の不支給が違法と判断されていた可能性があります。

・定年前年収から再雇用後の年収がどの程度減少したか→実際の事案の年収21％減よりも大幅な年収減を提案する
・年金不支給期間への配慮→年金不支給期間への配慮がない
・労使交渉の経緯・説明内容→団体交渉を拒否する
・代替賃金の内容（単に手当を廃止しただけなのか・代替賃金を創設したか）→代替賃金を設定しない

出典：本項の227ページから232ページは『「長澤運輸事件マトリクス」で整理する再雇用者の労働条件と同意書作成』（執筆、向井　蘭、月刊『ビジネスガイド』＜2018年11月号＞、日本法令刊）より作成しました。

4 再雇用をめぐるトラブル防止のための取組み

❶ 正社員との均衡待遇について

　労働契約法第20条は廃止されますが、改正後のパート・有期法第8条の均衡待遇の規制は残り、今後も定年後再雇用の均衡待遇に違反しないように気をつけなければなりません。

・仕事及び範囲を変える

　仮に長澤運輸事件のような事案と異なり、工場勤務の事例で言えば、定年前と異なり、たとえば交替制勤務を行なわない・職制から外れて管理業務がなくなる・転勤の可能性は全くなくなるように地域限定契約を行なった場合は、各種手当の位置は231ページのマトリクス図では左側に寄るようになります。左側に寄れば、より適法エリアに入りやすくなります。

・減額の理由を説明する

　長澤運輸事件においても、運送事業自体は赤字であったとのことで、人件費を下げる必要性があり、その点を労働組合に説明していました。

・所定労働日を減らす

　業務量が少なく余剰人員を抱えている、管理職としての仕事がさほどない等の事情がある場合は所定労働日を減らして、時給単価は定年前からあまり下げず、減らした所定労働日分に応じて賃金を下げることも考えられます。その代わり副業を認める等して生活に影響が出ないようにすることも可能です。もっとも、現在は人手不足が慢性化しており、以前のように定年後再雇用で所定労働日を減らす事例は急激に減ってきています。

・職務関連性が高い手当は支払いつつ基本給を減額する

　定年後再雇用において、基本給を減額することは事案によっては可能

です。基本給については正社員の年功給としての要素があり、定年後
再雇用において年功的な要素を排除することも可能です。もっとも、基
本給のどこまでが年功的かは判断が難しいところですので、減額幅も限
られますが、同じ業務を定年後も担当したとしても基本給を減額すること
は事案によっては可能です。一方、職務関連性が高い手当は、定年後
も同じ業務を担当している場合は不支給とすると違法となりやすいので支
払う必要があります。

・代替賃金を設ける

　長澤運輸事件のように単に定年後の手当を削減するのではなく、代替
賃金を設けることもひとつの方法です。歩合給や成果給の比率を高くする
ことも可能です。

❷ 再雇用後の「雇止め」トラブル

　契約更新を繰り返して一定期間雇用を継続した場合、労働者側に「今
後も働ける」という期待が生まれます。そこでいきなり、契約を打ち切るこ
とは「雇止め」に当たりトラブルの原因となりますが、再雇用においても、こ
の雇止めの問題が起きています。

　判例のひとつに、エフプロダクト事件と呼ばれる裁判があります[※]。

　この会社では一定の基準を満たす者については再雇用すると明記して
いました。裁判所は、64歳に達するまで雇用が継続されるとの合理的期
待があり、このような契約を終わらせるのは、解雇権濫用法理を類推適
用すると判断しました。裁判所は、このような場合「整理解雇の4要件」を
類推適用し、本当に契約を打ち切る必要があったのかを判断するべきで
あると結論づけました。

　具体的には、①人員削減の必要性、②解雇回避努力の存在、③解
雇対象者選定の合理性、④手続きの妥当が問われたわけですが、本件
では全員を雇止めしていたわけではなく、景気のせいと言いつつもその人
だけ契約更新をしなかったため、整理解雇の4要件に照らして雇止めは

※　エフプロダクト事件　平成22.11.26 京都地裁判決

許されないと判断しました。

　再雇用とはいっても、国が再雇用制度を設けるよう義務づけている以上、雇用継続に対する期待は高いとして、実務上は正社員の解雇と同等に厳しく雇止めが規制されています。経営が苦しく、なすべき経費削減はすべて行なったなどの場合でない限り、雇止めが認められることはありません。

　契約更新しない旨に労働者の同意が得られないのであれば、「雇用契約期間を平成○年○月○日まで延長するかわりにその後の更新はしない」という内容の合意文書を交わすなど、丁寧に交渉を重ねていく必要があるでしょう。

　その交渉をする際、十分な準備期間を取ることも大事なポイントです。契約満了の1週間前に突然「契約は更新しない」と告げられたのでは、労働者が怒って当たり前です。更新しないのであれば、その人が再就職活動をできる期間までを考え、早めに話合いを始めることが重要になります。

❸ 再雇用期間中の解雇について

　再雇用期間中についての「解雇」はもっと規制が厳しいといえます。労働契約法の第17条は「使用者は、期間の定めのある労働契約について、やむを得ない事由がある場合でなければ、その契約期間が満了するまでの間において、労働者を解雇することができない」と定めています。

　この条文だけをみるとよくわかりませんが、期間雇用の従業員は正社員の解雇よりも解雇規制が厳しいのです。たとえば再雇用契約を1年結んでいた場合、倒産を避けるためには解雇をするしかない、無断欠勤を続けていて全く会社に来ないなどの特殊な事情がない限り、解雇をすることはできないと考えてください。

　つまり、期間雇用の場合、期間中は正社員よりも身分が保護されているのです。ですから、退職勧奨と同じで、期間途中にやめてほしい場合は、会社と従業員との間で「交渉」するしか道はありません。すぐ退職してもらえないのであれば、すぐに退職してもらうことはしないが、次回の契約は更新しないとの合意をして、合意書として文書に残すなどの努力が必要です。

人の口に

戸は立てられない

　労務トラブル解決のために、会社が1人の社員に支払った金額は、いずれ社内で周知の事実になるものだと覚悟してください。

　ある社員に退職勧奨をして「来月退職する場合は、退職金を○万円加算します」などと提案し、合意を得たとします。

　退職合意書には「退職にあたり支払った金額に関しては、決して口外してはならない」という一文を入れ、署名捺印をもらうことが通常ですが、それでも、支払った金額が他の社員にもれることがあります。和解内容を完全に外にもれないようにすることは実務上不可能だといえるでしょう。

　とりわけ問題になりやすいのが、その社員に未払残業代があった場合で、経営者が安易に「あなたには特別に2年分の残業代を支払う」などの好条件を提示してしまうようなケースです。

　経営者としては「その人だけ」のつもりでも、1人に未払残業代を支払うということは、社員全員に支払う用意があるのと同じことを意味することになります。

　つまり、他の社員や退職した社員が未払残業代を請求する可能性があるということです。1人の従業員に未払残業代を支払う場合には、他の従業員に対しても何らかのフォローをする必要があるのです。

　たとえば、過去の一部の未払残業代などを他の社員にも支払うなどの措置を講ずることが考えられるでしょう。「人の口に戸は立てられない」ことを前提に、会社は行動する必要があります。

第11章

労働組合への対応

1 　団体交渉の申入れを受けたら

　　労務トラブルの中でもっとも使用者側の頭を悩ませるのは、労働組合対策であるといっても過言ではないでしょう。突然、労働組合から団体交渉を申し込まれた場合、多くの使用者は「誰に何を相談してよいかすら判断できない」という状態に陥ってしまうようです。

❶ 労働組合と合同労組

　　「労働組合」とは、憲法第28条の「勤労者の団結する権利及び団体交渉その他の団体行動をする権利は、これを保障する」という団結権をもとに結成された団体で、労働条件の改善または労働者の地位や待遇の向上を獲得し、労働協約を締結することを主たる目的とした団体です。

　　労働協約とは、文書による使用者と労働組合との合意を指し、労働協約が締結されると、使用者も労働組合も、これを守らなければなりません。

　　労働組合はおもに大企業で組織されていますが、近年では労働組合全体の組織率が低下傾向にあり、大規模な労使紛争はほとんど起こらなくなりました。

　　その一方で、企業内労働組合のない中小企業の社員が、解雇や賃金の不利益変更などに不満をもち、合同労働組合（合同労組）に加入して団体交渉を要求してくるケースが目立つようになりました。

　　合同労組とは、所属する職場や雇用形態に関係なく、企業の枠を超えて産業別、業種別、職業別、地域別に組織する労働組合です。おもに組合のない中小企業の社員が個人単位で加入するほか、社内労組にも加入している大手企業の社員が加入するケースもあります。

　　本書では、この合同労組への対応を中心に解説していきます。

❷ 合同労組からの通知

　　自社の社員が合同労組に加入すると、ほとんどの場合、何の前触れも

なく、会社に対して「貴社社員である○○氏が当労働組合に加入しました」などと書かれた労働組合加入通知書や、議題、日時、開催場所、出席者などが記載された団体交渉申入書が送られてきます。

　労働組合や団体交渉とは無縁だった中小企業の場合、突然の申入れに慌ててしまうのも無理はありませんが、くれぐれも対応を放置してはなりません。団体交渉に応じないと、それだけで労働組合法に違反する行為となってしまいます。

合同労組から届く通知書の例

日実物産株式会社
代表取締役　○○○○殿

　　　　　　　　　　　　　　　　　　　　　　　　○○年○月○日
　　　　　　　　　　　　　　　　　　　　　　　　○○労働組合
　　　　　　　　　　　　　　　　　　　　　　　　執行委員長　　○○○○

労働組合加入通知

　貴社の社員である○○○○氏が当労働組合に加入しましたので、通知致します。
　なお、貴社が当労働組合に対して不利益な取扱いを行なうこと、団体交渉の申入れを拒否することなどは、不当労働行為として労働組合法上禁止されておりますので、あらかじめ申し添えます。

　　　　　　　　　　　　　　　　　　　　　　　　　　　　　　　　以上

申入書の例

日実物産株式会社
代表取締役　○○○○殿

　　　　　　　　　　　　　　　　　　　　○○年○月○日
　　　　　　　　　　　　　　　　　　　　○○労働組合
　　　　　　　　　　　　　　　　　　　　執行委員長　○○○○

団体交渉の申入れ

　標題について、下記のとおり申し入れます。

記

1　議題
　　・未払残業代について
　　・年次有給休暇について
　　・その他便宜供与について

2　団体交渉日時
　　○○年○月○日　午後5時から

3　団体交渉開催場所
　　当労働組合事務所内会議室

4　団体交渉出席者
　　貴社社長は必ず出席すること

　　　　　　　　　　　　　　　　　　　　　　　　　　　　以上

2 団体交渉に向けた準備

❶ 交渉相手の下調べをする

　申入書が送られてきたら、まずは交渉相手となる労働組合がどのような団体なのかを確認します。

　合同労組にもさまざまな種類があり「○○ユニオン」などの独立系労組もありますが、その多くは次の3つの上部団体のいずれかに加盟しています。

　① 日本労働組合総連合（連合系）
　② 全国労働組合総連合（全労連系）
　③ 全国労働組合連絡協議会（全労協系）

　それぞれの上部団体がどのような性格をもつかについてはここでは触れませんが、最近の労働組合はホームページをもっていることが多いので、上部団体や独立系労組が、どのような思想を有し、どのような活動をしているかをインターネットで情報収集しておきましょう。

　また、現在雇用している社員だけではなく、「元社員」が団体交渉を申し込んでくるケースもあります。このような場合は、残業代の未払い、解雇問題など、在籍期間中のトラブルが議題になるわけですが、金銭で解決することが少なくありません。金銭面で合意できれば、比較的短期間で終わることが多いものです。

　ただし、労働組合が法外な金銭を要求する場合や、元社員の職場復帰を求めてくる場合などは、団体交渉を何度も開催しなければならなくなったり、場合によっては訴訟に発展することもあります。

　また、退職者・被解雇者である元社員を職場に復帰させた場合、他の社員に対して組合に加入するよう勧誘を行なうことも考えられるため、問題が大きくなる可能性があります。

❷「支部」や「分会」が結成される場合がある

　　労働組合が、組合員の要望を活動に反映させるため、「支部」や「分会」
を結成する場合があります。これは、組合員を増やし、組織の拡大を図
ろうとする組合の意識の現われと考えられます。

　　長ければ何年にもわたって組合活動を続けることになりますので、活動
が過激化したり、加入していない他の社員に対しても積極的に勧誘活動
を行なう可能性があります。

　　支部や分会を結成したかどうかを確認することは、労働組合の今後の
活動をある程度予測することにつながるのです。

　　また、支部や分会が結成された場合、自社の社員が執行委員長や分
会長などの名称で役職についているかどうかを、通知などで確認すること
も重要です。自社に対する要求や社員への勧誘がさらに活発化する可能
性が高まるからです。

3 団体交渉の進め方

　それでは、実際の団体交渉の進め方について順を追ってみていきますが、第1回目の交渉の進め方が、後の事実上のルールになってしまう傾向があります。合同労組は、自社内に労働組合を持たない中小企業にとって対応が困難であることを知っていますので、自分たちのペースで交渉を進めようとしてきます。

　以下の点を押さえて、十分な準備をしたうえで交渉に臨んでください。

❶ 団体交渉の出席者

　労組側は、社長や代表者が団体交渉に出席するよう要求してきます。必ずしも社長や代表者である必要はなく、人事課長や総務課長であってもかまいませんが、出席する人物が社長や代表者とほぼ同等の決定権を持っていなければなりません。

　労働条件交渉においては、「持ち帰って検討する」ことはできても(ただし、何度も同じ議題を持ち帰って検討することはできません)、「社長に聞かないとわからない」という返答は許されません。これは「不誠実団体交渉」として、後に解説する「不当労働行為」と判断されるおそれがあります。

❷ 団体交渉の場所

　通常であれば、社内の会議室などで開催するように求めてきますが、労組側と協議して、外部の会議室などで行なうこともできます。

　初回の団体交渉に社内の会議室を使用すると、以後も社内の会議室が交渉場所になってしまう可能性があります。会社内の施設は一杯で団体交渉に使用する余裕がないなど、明確な理由を説明できない限り、変更が難しくなりますので、注意してください。

❸ 団体交渉の日時

　　労働組合の活動は、所定労働時間外に行なわれるのが原則です。所定労働時間中は職務に専念する義務はあるからです。また、所定労働時間内に団体交渉を開催してしまうと、その時間に相当する組合員の賃金を保証しなければいけなくなる可能性があるからです。

　　開催日時については、必ずしも労組側の指定に従う必要はありません。都合が悪ければ、早めに日程調整をしてください。ただし、何週間も先の日時を指定すると「団体交渉拒否」となるおそれがありますので注意してください。

❹ 団体交渉のルール

　　団体交渉の進め方については、はじめに労使双方が話し合ってルールを作ることをおすすめします。以下のような項目について、取り決めておきましょう。

> **定めておくべき団体交渉のルール**
> ・団体交渉は原則として所定労働時間外に行なう
> ・双方○名程度（以内）の出席者とする
> ・団体交渉の場所は、○で行なう
> ・団体交渉の1回当たりの交渉時間は原則として○時間とする。ただし、開催中の団体交渉を延長する場合は、双方合意のうえで1時間以内の延長とする
> ・団体交渉の日時、議題を事前に書面で通知する
> ・上記事項を変更したい場合、労使双方誠意をもって協議を行なう

　　互いの合意のもと、このようなルールを決めておくことで、交渉はかなりスムーズに進むようになります。

❺ 交渉をスムーズに進めるための注意点

　　初めて団体交渉に臨む際の注意点を以下にまとめます。

(1)団体交渉での主な発言者について

　　団体交渉での発言者はなるべく1名にとどめておきましょう。複数の発

言者が思い思いのことを言ってしまうと、発言に食い違いが出てくる可能性が高まり、交渉を有利に進めることができなくなります。必要がある時に限って、他の出席者は発言するようにしてください。

(2)資料の提出について

労働組合は、時として会社に対し資料の提出を求めてくるものです。しかし、すべての資料を提出する必要はありません。営業上の機密に該当する事項などは、提出しなくてもかまわないのです。

ただし、説明するうえで必須となるような資料は積極的に提出しましょう。回答の算定根拠とした資料、総収益、総支出、人件費の推移などの過去の実績や、将来の収支見通し、予算などを、答えられる範囲で答えるべきです。

(3)議事録や録音について

労組側が録音をしているのであれば、会社側も録音すべきです。その際、録音を文字に起こし、議事録として残しておくと、なおよいでしょう。

労働組合が録音しないのであれば、必ずしも録音する必要はありませんが、2名以上出席させて、1名はメモを取るようにしましょう。当然ながら、メモは詳しければ詳しいほどよいものです。

(4)労組側の議事録にはサインしない

労働組合は、団体交渉で作成した議事録にサインを求めてくることがあります。これにはサインしないよう注意してください。組合の圧力に押されていた場合、同意しない文書にサインしてしまうことが少なくないのですが、迂闊にサインすると、議事録の内容がそのまま労働協約になってしまいます。この議事録の内容が問題になり、裁判になることも珍しくありません。

また、労働組合は、当然のことながら自分たちの有利になるような文書を用意していますから、会社に不利益を与えてしまう可能性があるのです。

どのような文書であっても、「今もらったばかりでよく検討できていないので、社内に持ち帰る」と言って、団体交渉の場ではサインをしないと決めておく必要があります。

❻ 労働協約の締結

　以上の点に注意しつつ、団体交渉の出席者、人数、場所、日時など
を決めたら、書面にして労働組合と「労働協約」を締結します。

　しかし、「労働協約」は一度締結すると、安易に解約することはできま
せんから、特に初めての対応の場合は、専門家等と話し合ったうえで、
書面化することをおすすめします。

4 日本の労働組合法と労働組合の権限

❶ 労働組合法とは

　日本国憲法は団体権、団体交渉権、団体行動権の、いわゆる「労働三権」を保障しています。

　具体的には、団体権が「労働組合を結成する権利」を、団体交渉権が「労使間の団体交渉を保障する権利」を、そして団体行動権は「ストライキ等の合法的な労働争議を行なう権利」をそれぞれ保障しています。これらの権利を明確にするために制定された法律が「労働組合法」です。

❷ 不当労働行為を押さえておく

　何度か出てきている「不当労働行為」という用語は、使用者が行なってはならない行為として、労働組合法に定められているものです。不当労働行為となる行ないと、その要点を以下に列挙しますので、必ず頭に入れておいてください。

(1)不利益取扱い

　労働者が労働組合を結成しようとしたこと、もしくは組合員として活動したことなどを理由に、その労働者について解雇もしくは降格など、不利益を与える取扱いをしてはいけません。

(2)黄犬(おうけん)契約

　労働組合に加入しないこと、もしくは組合を脱退することを条件とした採用活動を行なってはいけません。

(3)団体交渉の拒否

　正当な理由なく、労働組合からの団体交渉の申入れを拒否することはできません。

(4)支配介入

労働組合の結成もしくは運営に対し、会社が介入したり、支配しては
いけません。

(5)経費援助

労働組合の運営のための経費を、会社が援助してはいけません。

(6)報復的不利益取扱い

労働者が「不当労働行為」の申立てをしたことなどを理由に、解雇等の
不利益な取扱いをしてはいけません。

❸ 労働組合の権限

労働組合法は、使用者に対し、あくまで団体交渉に応じ、誠実に交
渉する義務を課しているのであって、団体交渉における労働組合の権限
とは「使用者と交渉のテーブルを持つ」ということにとどまりますので、その
点を勘違いしないようにしてください。

会社が受け入れることのできない労働組合の要求であれば、具体的な
資料や論拠にもとづいた十分な説明をしたうえで、要求を拒否することは、
当然にできるわけです。

❹ 「誠実な交渉」とは

労働組合法は、形式的な団体交渉ではなく、「誠実な交渉」を行なうこ
とを求めています。使用者は、その正確な定義を知っておく必要があります。

引用が長くなりますが、裁判所によると「使用者は、自己の主張を相手
方が理解し納得することを目指して、誠意をもって団体交渉に当たらなけ
ればならず、労働組合の要求や主張に対する回答や自己の主張の根拠
を具体的に説明したり、必要な資料を提示するなどし、また、結局におい
て労働組合の要求に対し譲歩することができないとしても、その論拠を示
して反論するなどの努力をすべき義務があるのであって、合意を求める労
働組合の努力に対しては、右のような誠実な対応を通じて合意達成の可
能性を模索する義務があるものと解すべきである」とされています[※]。

これを簡単にまとめると、まず労働組合の要求や主張に対して十分な説明を尽くさなければならないということです。

つまり、回答や主張の根拠を具体的に説明し、必要な資料を提示する義務があるわけです。たとえば、手当の支給基準が不明なので教えてほしいと要求されれば、労働組合員の誰にどのような基準で支払っているのかを具体的に説明しなければなりません。結論として労働組合の要求に譲歩できないとしても、その論拠を示し、「丹念に反論する努力」をしなければならないのです。

誤解してほしくないのは、労組側の要求や主張に対し譲歩しなければいけないわけではない、という点です。

❺ 便宜供与について

使用者が労働組合に対し、組合事務所を貸したり、就業時間中の組合活動を認めることなどを「便宜供与」と呼びます。

先に述べたように、労働組合法第7条3号では、使用者の労働組合に対する経費援助を禁止しています。

ただし、同法第7条3号但書において、以下の点についてはその限りではないとしています。

① 労働者が労働時間中に時間又は賃金を失うことなく使用者と協議し、又は交渉することを使用者が許すこと
② 厚生資金又は経済上の不幸若しくは災厄を防止し、若しくは救済するための支出に実際に用いられる福利その他の基金に対する使用者の寄附
③ 最小限の広さの事務所の供与

つまり、使用者が労働組合に経費援助をすることを通じて、組合を弱体化させようとすることを禁止するものの、一定限度の経費援助を行なうことを認めているのです。便宜供与としては、次のような援助が当てはまります。

※　カール・ツァイス事件　平成元.9.22 東京地裁判決

便宜供与となる援助

- ・組合事務所や会社施設・備品の貸与
- ・組合事務所の維持費（水道光熱費など）の会社負担
- ・就業時間中の組合活動の賃金保証
- ・組合休暇
- ・組合費の給与天引き
- ・在籍専従者の賃金・負担、組合の福利資金への寄付

　実務上は、使用者が労働組合に対して経費援助を行なったことが「不当労働行為」に当たるかどうかが問題になることはほとんどありません。むしろ、労働組合が使用者に対しさまざまな便宜供与を求め、使用者がそれに応じるか否かが問題になるのです。

　労働組合結成時に、掲示板の貸与、組合事務所の貸与などを会社が拒否した場合、それが「支配介入行為」に当たるかどうかが問題となることも多々あります。

　労働組合法第7条3号をみても明らかなとおり、労働組合法は、使用者が労働組合に対し便宜供与を行なわなければならない義務を定めているわけではありません。

　使用者が労働組合の便宜供与を断ったとしても、それ自体は原則として不当労働行為には当たりません。ただし、合理的な理由なくこれまで使用者が行なっていた便宜供与を一方的に中止したり、複数組合が併存する場合に、一方の組合にのみ便宜供与を行なうことは、支配介入行為となりうるので注意するべきでしょう。

5　粘り強い対応が解決への近道

❶ 団体交渉を行なうことのメリット

　時間と手間はかかりますが、十分な団体交渉を重ねていくと、解決の糸口を見つけることができる可能性は格段に高まります。

　たとえば、解雇問題などの深刻なテーマであっても、粘り強く会社側の考えを述べながら交渉を続けていくと、労組側も実情に納得し、「一定額の金銭を支払うことを条件に合意退職する」などの解決策の提案を引き出すことができます。

　解雇問題について言えば、これまでの被解雇社員の勤務成績などを、客観的な資料にもとづいて説明する方法は有効です。団体交渉を途中で打ち切ったりせず、納得のいく解決案が出ることを信じて粘り強く交渉を続けてください。

❷ 団体交渉を継続しないことのデメリット

　あまりに労使双方の主張の隔たりが大きいと、団体交渉が膠着状態に陥ることがあります。組合側から団体交渉を打ち切る分には問題ないですが、果たして使用者側から打ち切ってよいものでしょうか。

　団体交渉は少なくとも1回や2回で済むはずはなく、労働組合と使用者双方とも意見や資料を出し尽くすまでは、使用者から団体交渉を打ち切るべきではないでしょう。

　使用者側から一方的に交渉を放棄するようなことがあると、組合側は訴訟や不当労働行為の訴えをおこすだけにとどまらず、たとえば代表者の自宅や顧客に押しかけるといった過激な行動に出るきっかけを与えることになりかねません。こうなると、労使紛争が確実に悪化するでしょう。

　たとえ暗礁に乗り上げたとしても、団体交渉には応じたほうが、紛争の解決の早道になることは事実なのです。

　企業の担当者の中には、どうして自分がこんなに団体交渉で苦労しな

ければならないのかと苦しむ人も少なくありません。

　しかし、一部の合同労組のスタッフ(執行委員)も、団体交渉について相当な負担を感じている可能性があることを知っておきましょう。なぜなら、合同労組は、さまざまな労働者を受け入れ、問題解決のためにそれぞれの企業に団体交渉を申し込むため、1人のスタッフがかなりの数の団体交渉を担当しているのではないかと推測されるからです。

　組合事務所に電話をしても誰も出ないことはよくありますし、1日に何社も団体交渉のスケジュールを入れているスタッフ(執行委員)の方もいるほどです。「苦しいのはお互い様」と考え、団体交渉による解決を図るため、粘り強く交渉を進めるべきでしょう。

裁判になると
「文書」が重要になる

　民事裁判は「文書」で8、9割決着がついてしまいます。裁判官が求めているのは、客観的な証拠だけなのです。

　一般的な裁判なら、証拠を揃えるのは原告の役目です。しかし、労働裁判の場合、原告は個人、被告は会社です。会社は個人よりも資料を豊富に有している、調査能力があるとの判断から、実務上、証拠の提出は会社側が担うことになります。

　たとえば、解雇無効を訴えられた裁判の場合は、タイムカードなど、勤怠の証拠となるものはもちろん、その社員の問題行動が具体的にどのようなものだったのかを記録した日報などのメモ、上司が複数回にわたって注意・指導をしたという記録、もしくは面談の記録、その社員に渡した警告文書などが重要な証拠となります。

　しかし、これらは裁判を起こされた後で思い出しながら作っても、きわめて証拠価値の低いものになってしまうのです。裁判所は、後からキレイに作った文書より、日頃から控えている手書きのメモなどを信用するからです。

　今後は、日本でも労働裁判が増えることが予想されます。「備えあれば憂いなし」。裁判で泣きをみないためのたった1つの方法は、労働問題に関して「口文化から文章文化への転換」を徹底することです。

　中小企業では、きわめて難しいことかもしれませんが、社会保険労務士などの専門家ともよくご相談のうえ、この機会に社内の体制を見直してみてはいかがでしょうか。

第12章

就業規則の定め方・変更の仕方

1　就業規則とは何か

　ここまで、人事・労務担当者として労働法と向き合うとき、就業規則を
どのように作成・運用するかが、労使間の問題を起こさないための重要
なポイントであることをたびたび解説してきました。

　本書の最後に、改めて就業規則の定め方・変更の仕方における注意
点を詳しくみていきたいと思います。

● 就業規則は「ホテルの約款」で理解する

　そもそも「就業規則」をどう理解すべきか、という点から紐解いていきた
いと思いますが、一般に就業規則の定義は、「事業経営の必要上使用
者が定める職場規律や労働条件に関する規則類を総称したもの」とされ
ています。

　このままでは少々わかりにくいので、１つの例で説明しましょう。

　たとえば、あるホテルに宿泊したAさんが、泥酔して他のお客に暴言を
吐いたとします。ホテル側は、Aさんに対して、すみやかにホテルから退
去するよう求めました。

　ここでAさんが「自分はすでに宿泊料金を支払っているのだから、ホテ
ルから出て行く必要はない」と反論してきた場合、ホテルはどのような対応
をとるでしょうか。

　みなさんが旅館やホテルを利用するとき、チェックイン時に印鑑を押して
契約書を交わすということはないでしょう。しかし、ほとんどのホテルでは、
右ページ上のような約款の規定を元に、「当ホテルの約款に基づきお客様
との契約を解除させていただきます。お立ち退きください」と告げ、お引き
取り願うことになるはずです。つまり、Aさんとの宿泊契約を一方的に解除
するわけです。

約款の例

当ホテルは、次に掲げる場合においては、宿泊契約を解除することがあります。
①宿泊しようとする者が泥酔等により他の宿泊客に迷惑を及ぼすおそれのあるとき
②そのほか、他の宿泊客に著しく迷惑を及ぼす言動があるとき

とはいえ、Aさんがすんなり納得してくれるとは限りませんね。「約款の内容を詳しく説明された覚えはない。しっかり説明もしていないことを根拠に出ていけはないだろう」と反論するかもしれません。

しかし、仮にAさんが約款の存在を知らなくとも、上記の約款の定めにより、ホテルはAさんとの宿泊契約を解除することができ、Aさんはホテルから退去しなければなりません。

宿泊客が約款の内容を知らなくとも、その約款の内容が合理的であれば、宿泊客はその約款の内容には従わなければならないのです。

会社における就業規則はホテルの約款に似ている

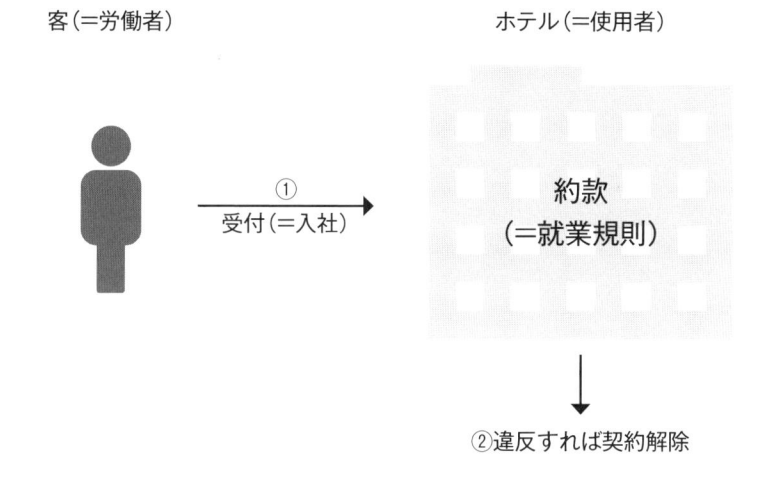

客（＝労働者）　　　　　　　　ホテル（＝使用者）

①
受付（＝入社）

約款
（＝就業規則）

②違反すれば契約解除

「就業規則」をどう解釈するかには諸説ありますが、この約款と同じような効力を持つものと考えると、最も自然に理解できるのではないかと思います。

　ホテルの宿泊客同様、いったん会社という組織に足を踏み入れ社員となったからには、社員は原則として就業規則に従わなければならないのです。

　その就業規則が誰の目にも触れることができるような状態にされている限り、「私はあらかじめ説明を受けていない」とか、「私はこの規則に納得できない」といった反論は通らないわけです。

【労働契約法第7条】
労働者及び使用者が労働契約を締結する場合において、使用者が合理的な労働条件が定められている就業規則を労働者に周知させていた場合には、労働契約の内容は、その就業規則で定める労働条件によるものとする

2 就業規則の「作成義務」を理解しよう

❶ 就業規則の作成義務

就業規則は、常時10名以上の労働者を使用している事業所に作成義務があります。「常時10名以上の労働者」には、パートタイマーやアルバイトなど、いわゆる非正規雇用の労働者も入ります。

もっとも、トラブルが起きた場合には就業規則が会社のよりどころになることが多いので、10名に満たない場合でも就業規則は作成しておいたほうがよいでしょう。

❷ 就業規則に記載する事柄

就業規則には、「必ず記載すべき事項（絶対的必要記載事項）」と「必ず記載しなくともよいが、事実上そのような取扱いをしているのであれば記載するべき事項（相対的必要記載事項）」があります。

次ページ表の①〜③が絶対的必要記載事項であり、④〜⑪が相対的必要記載事項です。これら以外の事項についても、その内容が法令または労働協約に反しないものであれば任意に記載することができ、これを「任意的必要記載事項」と呼びます。

就業規則の絶対的必要記載事項と相対的必要記載事項

絶対的必要記載事項

いかなる場合でも必ず就業規則に記載しなければならない事項

❶始業および終業の時刻、休憩時間、休日、休暇ならびに労働者を2組以上に分けて交替に就業させる場合においては、就業時転換に関する事項(勤務の切替時間と方法)

❷賃金(臨時の賃金等を除く。以下この項において同じ)の決定、計算、支払いの方法、賃金の支払いの時期ならびに昇給に関する事項

❸退職に関する事項(解雇の事由を含む)

相対的必要記載事項

定めをおく場合には必ず就業規則に記載しなければならない事項

❹退職手当の定めをする場合においては、適用される労働者の範囲、退職手当の決定、計算および支払いの方法ならびに退職手当の支払い時期に関する事項

❺臨時の賃金等(退職手当を除く)および最低賃金金額の定めをする場合においては、これに関する事項

❻労働者に食費、作業用品その他の負担をさせる定めをする場合においては、これに関する事項

❼安全および衛生に関する定めをする場合においては、これに関する事項

❽職業訓練に関する定めをする場合においては、これに関する事項

❾災害補償および業務外の傷病扶助に関する定めをする場合においては、これに関する事項

❿表彰および制裁の定めをする場合においては、その種類および程度に関する事項

⓫以上のほか、当該事業場の労働者のすべてに適用される定めをする場合においては、これに関する事項

任意的必要記載事項

上記以外についても、その内容が法令または労働協約に反しないものであれば、任意に記載することができる事項

- 採用手続き、試用期間、配置転換に関する事項
- 異動、出向・転籍に関する事項
- 休暇、服務規律、就業に関する遵守事項 など

3 作成した「就業規則」が有効となるために

❶ 労働基準法と労働契約法の違いと就業規則

　就業規則を作成するに当たっては、草案をつくり、従業員の過半数代表者の意見を聞いてから、労働基準監督署に届けるという手続きが必要になります。

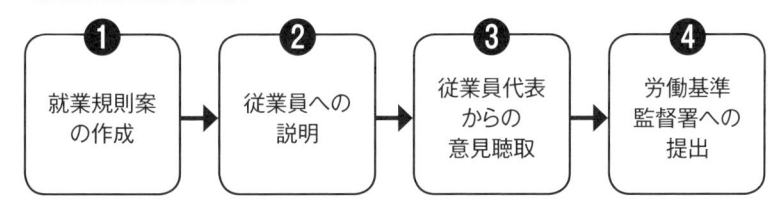

就業規則の作成フロー

❶ 就業規則案の作成 → ❷ 従業員への説明 → ❸ 従業員代表からの意見聴取 → ❹ 労働基準監督署への提出

　しかし、この手続きを踏んだだけでは、必ずしもその就業規則が有効となるわけではありません。「労基署へ届出をしているから安心」と考えがちですが、特に、後に解説する「従業員に対する不利益変更」の有効性に関しては、就業規則の効力が認められないケースがあります。

　第1章で述べたとおり、労働基準法とは、会社と労働基準監督署の間の行政ルールを示した法律です。一方、労働契約法は使用者（会社）と労働者（個人）の間に交わされる契約に関する法律です。

　労働契約法においては、労働基準法で規定されている届出などの手続きが正確に行なわれているか、といったこととは全く別の次元のルールが働いています。

　つまり、誤解を恐れずに言うなら、就業規則を労基署に届けることは、ある意味「セレモニー」のようなものだといえます。会社が就業規則を労基署に届け出ていなくとも、従業員代表の印鑑をもらい忘れていたとしても、就業規則を社員に周知していれば、労働契約上の効力はすでに有しているのです。

「労働基準法」と「労働契約法」の関係

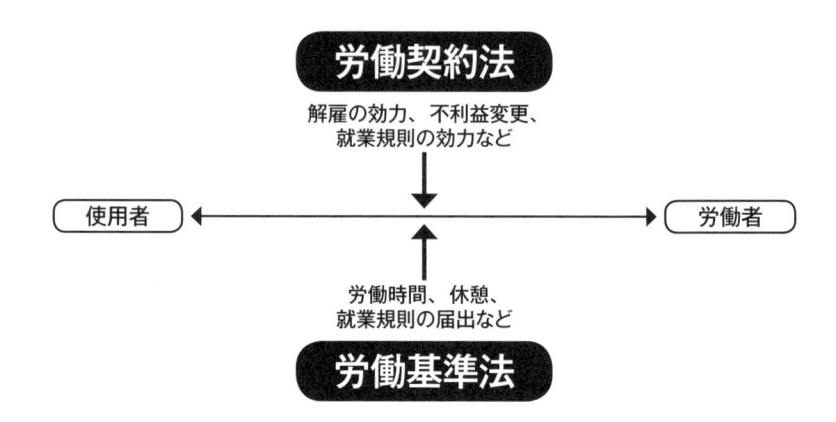

❷ 法とルールの優先順位

　このことを理解するためには、「効力の優先順位」の説明をしなければなりません。第1章で「労働法という法律はない。労働法とは数々の法律の総称である」ことを述べましたが、1つひとつの法律のスペシャリストになるより、それらを俯瞰して理解しておくことのほうが数倍大事だと、筆者は考えています。

　法の世界では「就業規則」より「労働契約」が、「労働契約」より「労働協約」が、「労働協約」より「労働基準法」などの法令(強行法規)の効力が優先されます。

効力の優先順位

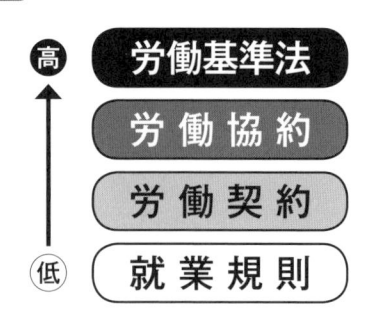

　たとえば、ある社員と社長が「来年度の家族手当は1万円にします」と個別に約束したとします（労働契約）。しかし、労働組合と会社が「家族手当は5000円」と合意していたとしたら（労働協約）、労働組合と使用者との合意のほうが優先されます。

　また「私は時給500円で結構ですから雇ってください」という社員がいたとしても、使用者は最低賃金法で定められた最低賃金以下で採用することはできません。

　ただし、ひとつだけ例外があります。いくら労働契約を交わしても、就業規則より低い金額での合意は無効です。就業規則に「家族手当は1万円」と明記してあるなら、ある人が個別に会社と「家族手当5千円」の契約を交わしても無効となってしまいます。

優先順位の具体例

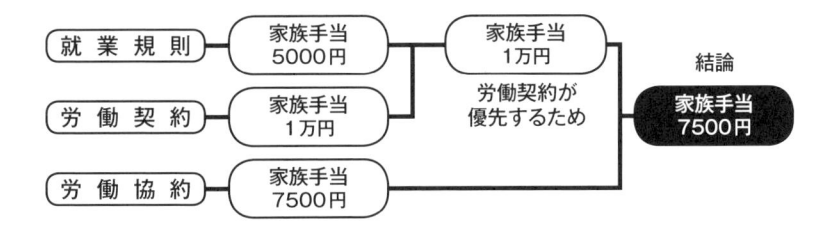

4 就業規則が有効であるための条件

❶ 就業規則の有効要件

　作成した就業規則が有効と認められるためには、次の2つの条件を満たす必要があります。

　(1)従業員に周知していること
　(2)合理的な内容であること

　(1)における、「周知」させるための具体的な方法は、以下のようなものなどによるべきとされています。

　① 常時各作業場の見やすい場所へ掲示し、または備え付けること
　② 書面を従業員に交付すること
　③ 磁気テープ、磁気ディスクその他これらに準ずる物に記録し、かつ、各作業場に従業員が当該記録の内容を常時確認できる機器を設置すること

　理屈上は、社員1人ひとりに丁寧に就業規則の内容を説明する必要はなく、見やすい場所へ置いておけば足りるといえます。
　しかし、この「周知性」は、問題が起きた後に争われやすいポイントになります。周知されていないと、裁判が起きた際、「就業規則があることを知らなかった」という言い分に反論できなくなります。
　入社時に、すべての社員に対して、必ず就業規則の内容を説明してください。そして就業規則を渡すか、置いてある場所を伝えるようにしてください。

❷ 「合理的な内容」は裁判所しか判断できない

　そもそも、就業規則の内容が合理的であるかどうかを最終的に決める
のは誰でしょうか。労働基準監督署でしょうか。会社、それとも労働組合
でしょうか。

　極端に聞こえるかもしれませんが、その合理性は、ケースバイケースで
裁判所が判断することになります。

　とはいえ、当然ながら「この就業規則は合理的な内容ですか」と裁判所
に聞いても、答えてくれるわけではありません。個々の会社において就業
規則の内容が合理的なものであるかどうかは、裁判所で争われるまでは、
正確にはわからないということです。

❸ 問題になりがちな2つの「合理性」

　就業規則が合理的なものであるかは、2つのケースで問題になりがち
です。もともとの就業規則に社員にとって不利益と思われる条項が存在し
ている場合と、就業規則を社員にとって不利益なものに変更する場合です。

(1) 入社時の就業規則の合理性

　会社にはそれぞれ異なるルールがあり、それを具体化したものが就業
規則です。会社の人事管理上の必要性を考慮して、裁判所は社員の権
利を不当に制限していない限り、合理性を否定することはありません。

　たとえば、社員への健康診断受診命令の根拠規定の合理性が争わ
れたことがありましたが、裁判所は労働者が労働契約上、その労働力
の処分を使用者にゆだねている趣旨に照らし、いずれも合理的なものとい
うべきであるから、使用者と労働者との間の労働契約の内容となっている
というべきであるとして、就業規則の合理性を肯定しています[※]。

　※　電電公社帯広電報電話局事件　昭和61.3.13 最高裁判決

(2)就業規則を不利益変更した場合の合理性

労働契約法第10条は下記のように定めています。

【労働契約法第10条】
使用者が就業規則の変更により労働条件を変更する場合において、変更後の就業規則を労働者に周知させ、かつ、就業規則の変更が、労働者の受ける不利益の程度、労働条件の変更の必要性、変更後の就業規則の内容の相当性、労働組合等との交渉の状況その他の就業規則の変更に係る事情に照らして合理的なものであるときは、労働契約の内容である労働条件は、当該変更後の就業規則に定めるところによるものとする

少しわかりにくい表現ですが、分割してみると下記のようになります。

イ 賃金を下げるなど労働条件を不利益なものに変更する場合は、就業規則を変更することが必要

ロ 労働者の受ける不利益の程度、労働条件の変更の必要性、変更後の就業規則の内容の相当性、労働組合等との交渉の状況、その他の就業規則の変更に係る事情を考えたとき、合理的なものであると裁判所が判断した場合に限って、不利益変更が認められる

　会社が社員の同意を得ずに勝手に賃金を下げることなどは、就業規則を変更することによって、できなくはないけれども、一定の条件を満たさないとダメだ、と言っているのです。ここは、具体例があったほうが理解しやすいでしょう。

> **事件の概要**
>
> 　A社は、経費削減のため、旅費の日帰り出張日当(2,000円～4,000円)、営業職の外出時食事補助(400円)、時間外食事代(500円)、夜勤手当(600円)を廃止した。
> 　A社側は、これまでの手当類が社員を優遇しすぎていた面もあり、恵まれていたものを通常の水準に戻すのであるから、この程度は許されるだろうと考えた。
> 　ところが、社内にある少数の労働組合はそれに反対し、所属する社員が訴訟を起こし、結果的に会社は敗訴した。
> 　　　　　　　　　　　日本ロール製造事件 平成14.5.29東京地裁判決

この事件で、裁判所が判断の根拠にした点は以下の3つです。

イ）労働条件の変更の必要性について

直前の決算では、4億円の営業利益が生じていたこと、本来義務がない失効した年次有給休暇の日数に応じて手当を支給している（経営に余裕がある）ことから高度の必要性はない

ロ）労働者の受ける不利益

（各手当について）手当といえども賃金に当たるため、労働者の受ける不利益は軽くはなく、削減には高度の必要性が求められるが、それには至らない

ハ）労働組合等との交渉の状況

会社は少数の労働組合とほとんど団体交渉を行なっていない。組合員資格のある従業員のうち、少数の労働組合は35名、他の組合は20名、組合員資格があるが組合に加入していないものが100名いる。その中で明確に異を唱えたのは少数労働組合だけだが、制度の廃止自体に必要性がないので、この点は重視できない

　この事件は、就業規則の変更の合理性が判断されるプロセスの、1つのモデルといえます。

　旅費の日帰り出張日当、営業職の外出時食事補助、時間外食事代などは、最近はみかけなくなった手当です。実際、多くの中小企業では、このような手当のカットなどが多く行なわれているでしょう。

　しかし、手当といえども労働契約上は賃金にあたるため、裁判所は基本給などの削減と同様に、よほど経営が苦しいなどの事情がなければ手当のカットを認めず、就業規則変更の合理性について厳しい判断を示す可能性が高いと思われます。

5　就業規則がないとできないこと

ここからは、就業規則の具体的な役割についてみていきましょう。

❶ 転勤などの人事異動ができない

　　第6章で「転勤に関しては会社の裁量が広く認められている」と述べました が、就業規則に記載されていなければ、また雇用契約書にも転勤条項がない場合は、社員の個別の同意がない限り転勤させることが難しくなります。

　　たとえば、ある会社で、1人の社員を東京本社から大阪支社に転勤させようとしたところ、その社員が「私はそのような転勤があるとは入社時は聞いていませんでしたし、雇用契約書や就業規則にもそのような記載はありませんので、転勤には応じません」と、転勤を拒否したとします。

　　会社側が「君が入社する際は、転勤があるとは説明していないが、うちの会社は支社が全国各地にあることは知っていたのだから、十分君も転勤があることはわかっていたはずだ」と説明することはできます。ただし、社員が納得せず、裁判に持ち込まれた場合は結論がどうなるかはわかりません。就業規則にあるべき条項がないことで、大きな労務トラブルに直面することも考えられるのです。

❷ 懲戒処分ができない

　　たとえば社員が取引先に対して自社の悪口を言っていたことが判明し、減給などの懲戒処分を行なうとします。この場合でも、就業規則に懲戒事由の定めがなければ、懲戒処分を行なうことはできません。

　　ただし、雇用契約書に懲戒事由の定めがある場合は、就業規則がなくとも懲戒処分を行なうことはできます。

❸ 時間外労働・休日労働をさせることができない

あまり知られていないことですが、36協定があっても雇用契約書か就業規則に定めがなければ、時間外労働や休日労働を命ずることはできません。あくまで、時間外労働や休日労働は、例外的なもののため、雇用契約書や就業規則に定めが必要なのです。

❹ 振替休日・代替休日が取得できない

振休とは会社が特定の労働日を休日にして、その代わり特定の労働日を休日にすることを指し、代休とは会社が休日に労働をさせた後に代休日を与えることを指します。

振休や代休という制度があるおかげで、会社は変則的な勤務日程になった場合でも社員に休日を与えることができますし、休日残業代を減らすことができるのです。

これも、就業規則に根拠規定がなければ、実施できません。

❺ 休業手当を平均賃金の6割で支給することができない

労働基準法第26条は「使用者の責に帰すべき事由による休業の場合においては、使用者は、休業期間中当該労働者に、その平均賃金の100分の60以上の手当を支払わなければならない」と定めています。

これに関しては、休業手当は平均賃金の6割支払えばよいと誤解しやすいのですが、それは誤りです。6割以上で「労働基準法違反とならない」だけです。

就業規則に休業手当の規定があれば、その規定にもとづいた6割支給で足りますが、雇用契約書や就業規則にも定めがない場合は、休業手当を100%支払わなければならなくなるので、注意してください。

6 就業規則があってもできないこと

　前項と対比する形で、たとえ「就業規則があってもできないこと」を整理
しておきます。

❶ 法令に反することはできない

　まず当然ながら、労働基準法に反することを就業規則として定めること
はできません。たとえば労働基準法では所定労働時間は原則として週40
時間以内と定めています。これを、就業規則に1週間の所定労働時間
を週48時間と定めるなどということはできません。

❷ 「管理監督者」の定義について

　ご存じの方も多いように、管理監督者には深夜割増賃金以外の時間外
労働に対する賃金は支払う必要がありません。

　そこで、就業規則に「当社の管理職は課長以上の役職を指し、労働
基準法第41条の管理監督者と同義である」と定めたとします。この規定
を素直に読めば、課長職以上の管理職には、深夜割増賃金以外は支払
う必要がなくなるということになります。

　しかし実際は、労働基準法の管理監督者に当たるかどうかは、就業規
則の規定ではなく、実態で判断されます。就業規則で管理監督者の範
囲を厳密に定めても、管理職の実態が労働基準法上の管理監督者とし
てそぐわなければ、就業規則の記載は意味がないものとなります。

❸ みなし労働時間制の適用について

　就業規則にみなし労働時間制度を定めても、運用に問題がある場合
に制度そのものの適用が否定されるケースがあります。

　たとえば、「事業場外みなし労働時間制」は、就業規則に記載しただけ
で有効になるとは限りません。これについては事例をみておきましょう。

> ・・
> ┌─ **事件の概要** ─┐
>
> 　B社の営業担当の元社員が、退職後、B社に対して残業代を請求した。
> しかし、その会社には「事業場外みなし労働時間制」に関する就業規則
> の規定があったため、会社は「当社は事業場外みなし労働時間制を導入
> しており、労働時間は就業規則に定める所定労働時間とみなしているた
> め、未払い残業代は存在しない」と主張した。元社員は納得せず、訴
> 訟を起こした。
> ・・

　結論から言いますと、会社の言い分は通りませんでした。事業場外み
なし労働時間制の対象となるのは、次の2つの要件を同時に満たした場
合に限ります。
　(1)労働者が労働時間の全部または一部を事業場外で労働した場合
　(2)使用者の指揮監督が及ばず、労働時間の算定が困難なとき
　したがって、事業場外で労働した場合であっても、使用者の具体的な
指揮監督が及ぶ場合には、労働時間の算定が可能であり、みなし労働
時間制の対象とはなりません。
　これについて、次のような基準が示されています。

【労働省通達昭和63.1.1基発第1号】
（事業場外みなし労働時間制が適用されない場合）
①何人かのグループで事業場外で業務に従事する場合で、そのメンバーの中に労働
　時間の管理をする者がいる場合
②事業場外で労働する場合、無線やポケットベル等によって随時使用者の指示を受け
　ながら労働している場合
③事業場において、訪問先、帰社時刻等当日の業務の具体的指示を受けたのち、
　事業場外で指示どおりに労働し、その後事業場にもどる場合

　これによれば、たとえば営業担当の社員に対して、事前に訪問する先
を指定し、スケジュール管理ソフトなどで随時行動を把握しているような場合、
もしくは把握できる場合は、労働時間の算定が可能ですので、事業場外
みなし労働時間制を適用することはできません。
　このB社も、事前に営業の訪問先を報告させており、事前の報告どお
りのスケジュールでおおよその業務を行なっていました。したがって、日報

などで労働時間を算定できるため、事業場外みなし労働時間制の適用が否定されたのです。このように、運用によっては、就業規則に定めた制度も効力を否定されてしまいます。

❹ 裁判所が会社の判断を否定する場合がある

たとえば、就業規則に「懲戒解雇をした場合は、退職金を支給しない」との規定があったとします。就業規則に定めがあり、その懲戒解雇が有効であったとしても、退職金を支給しないことが許されない場合もあります。

これも具体例で説明しましょう。

> **事件の概要**
>
> 長年鉄道会社に勤めている社員が、業務時間外に他社の車両内で痴漢行為をしました。さらに、一度にとどまらず再び痴漢行為を行なったため、懲戒解雇とした。業務時間外とはいえ、鉄道会社の社員が、他社の車両内で二度も痴漢行為を行なったわけであり、会社は、この社員に対し、懲戒解雇を行なうとともに退職金を支給しないこととした。
>
> ところが、この社員は、①懲戒解雇が無効であること、②懲戒解雇が有効であるとしても退職金を全く支給しなかった会社の行為は無効であるとして、訴訟を起こした。
>
> 小田急電鉄事件 平成15.12.11東京高裁判決

結論はどうなったかと言いますと、一審、二審ともに懲戒解雇は有効であると判断されました。しかし退職金については、一審においては痴漢行為はそれまでの勤続の功を抹消してしまうほどの行為であるとして、退職金の不支給を支持しましたが、二審では、退職金をすべて不支給とするほどのものではなく、その一部を支給せよという判決に変更になりました。これは、企業にとっては大変厳しい判決といえます。

このように就業規則に定めがあっても、具体的事案によっては裁判所が会社の判断を否定し、そのとおりに運用することができないことがあります。

企業の担当者としては、就業規則に定めがあっても特に 懲戒解雇など地位に関する懲戒処分、退職金不支給など金銭に関わる処分については、事案の性質、処分対象となる社員の勤続年数などにより 慎重に判断するべきなのです。

7 就業規則は「諸刃の剣」

❶「書き忘れ」は認められない

　すでに申し上げたとおり、就業規則は労働者の合意がなくとも契約内容となるため、強力な効力を与えられているといえます。そうであるからこそ、記載したことについては責任をもたなければいけません。

　たとえば、ある会社の就業規則の退職金規程に、次の算式で求められる金額を支給すると定められていたとします。

$$在籍年数 \times 退職時の月給$$

　会社は、正社員にのみ退職金を支払うつもりでこの規程を設けており、パートやアルバイトなどの非正規社員に支払う意思はありませんでした。

　あるとき、長年勤めたパートのAさんが退職するとき、「私にも退職金を支給してください」と会社を訴えました。会社は「パートの方には退職金は支給できません」と告げたものの、Aさんは「退職金規程にはパートが退職金がもらえないとは書いていませんので、私にももらえる権利があるはずです」と引き下がりません。

　結論としては、Aさんの請求は認められることになります。訴訟において会社側が「これまでパートに退職金を支払ったことはない」「退職金規程は書き間違いである」などと主張したとしても、裁判所はこれらの会社の言い分を採用しないでしょう。

　会社が、これまでパート・アルバイトに退職金を支払うことはなかったとしても、このようなミスは許されません。就業規則の記載ミスについてのリスクは、会社が負うべきだと考えられているのです。

　これと似たものに、採用時に60歳を超えていた社員が、退職時に退職金規定に基づく退職金を請求した事案があります。

制定されていた就業規則は、適用対象を正社員と契約社員に分けて規定しておらず、規定の内容も従業員全般に及ぶものとなっていたとして、元社員の退職金請求が認められたのです[※]。

就業規則の不備に対して、裁判所が厳しく判断していることがわかると思います。

❷ 「書き間違い」も認められない

次に、定額の営業手当を「残業代」としてあらかじめ営業職員に支払っていたケースで考えてみましょう。

B社では、営業手当の規定について、就業規則に以下のように定めていました。

> 営業手当は、所定労働時間外労働、休日労働に対する賃金（割増部分も含む）として支払う

同社の元営業職員Cさんが、退職後、会社に対して残業代を請求したとしましたが、会社は規定どおり「Cさんの残業代は営業手当としてほとんど支払い済みです」と回答しました。

しかしCさんから思いもよらない反論が返ってきます。「確かに営業手当を残業代として支払う旨の規定はありました。一方で、営業手当は残業代として支払っていないことを示す規定もありました。営業手当は、実際には残業代として支払われていないのです」と言うのです。

Cさんが言う「営業手当が残業代として支払われているものではないことを示す規定」とは、以下のものでした。

$$割増賃金 = \frac{基本給 + 営業手当}{月平均所定労働時間} \times 所定労働時間数 \times 割増率$$

※　大興設備開発事件　平成9.10.30　大阪高裁判決

　営業手当を残業代として支払うのであれば、本来は計算式の分子に営業手当を記載してはいけないのですが、誤って就業規則に記載してしまっていたのです。

　このような「凡ミス」は自社ではなかなか起こらないだろうと思われるかもしれませんが、実際に残業代として支払った手当の計算式を間違える例は多数見受けられます。

　このような「書き間違い」が許されることはなく、結果として多額の残業代を支払わなければならなくなるのです。

❸ 変更手続きの重要性

　次に、家族手当を廃止したD社の例をみていきましょう。

　D社は業績が非常に苦しく、従業員の賃金を削減せざるをえなくなりました。そこで、これまで手厚く支給していた家族手当を全廃しようと考えたのです。

　会社は、従業員説明会を開いて家族手当全廃の旨を発表し、質疑応答を受け付けましたが、ほとんどの社員は沈黙していました。そこで社員からの反対はなしと考え、家族手当を全廃しました。しかし、その際、会社は就業規則を変更することを、うっかり忘れてしまったのです。

　その後、しばらくして、会社に労働組合が組織され、組合側は「家族手当全廃に反対である」と主張しました。結局労使が合意するには至らず、訴訟に移行することになりました。

　訴訟のなかで、原告である労働組合員は「そもそも就業規則を変更していないので家族手当の廃止は無効である」と主張しました。それに対して会社は、「十分家族手当を廃止することについて説明しているし、社員の反対は当時無かったので合意が成立しているはずだ。お互い合意していたのだから、就業規則の変更をしなくともよい。人件費を削減できなければ、倒産してしまう」と主張しました。

　さて、会社と労働組合員のどちらの主張が認められたと思いますか。

　社員は家族手当を全廃する際、特に文句を言わなかったのですから、会社と社員との間に同意が成立しているようにも思えます。しかし、仮に会社と社員との間に同意が成立していたとしても、この場合は、労働組

合員の主張が認められることになるのです。

　合意の内容が就業規則の定める水準を下回っている場合は、その合意は無効となり、就業規則の内容が雇用契約の内容となります。

【労働契約法第12条】
　就業規則で定める基準に達しない労働条件を定める労働契約は、その部分については無効とする。この場合において、無効となった部分は、就業規則の定める基準による

　つまりこの事例では、就業規則を変えずに家族手当を廃止したため、その廃止は無効となり、就業規則どおり家族手当を払わなければなりません。

　このように、就業規則は一度作ったら終わりではなく、常に現状に合うようなメンテナンスが必要になるということを肝に銘じておいてください。

8 就業規則を変える場合の手続き

❶ 通常の就業規則の変更手続き

　それでは、就業規則の変更について、詳しくみていきましょう。下図のような手続きを踏む通常の変更は、それほど難しいものではないように思えます。

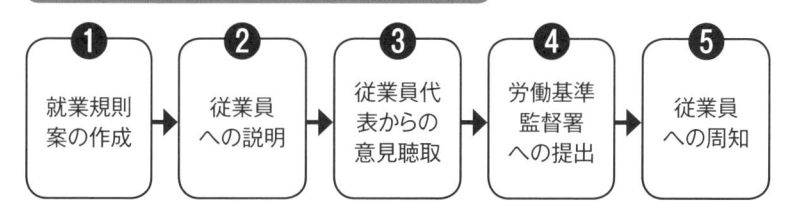

通常の就業規則の変更手続き（組合がない場合）

❶ 就業規則案の作成 → ❷ 従業員への説明 → ❸ 従業員代表からの意見聴取 → ❹ 労働基準監督署への提出 → ❺ 従業員への周知

❷ 不利益変更をする場合の手続き

　しかし、労働条件を不利益に変更する場合には、難易度が一気にあがります。

　具体例として、会社の業績不振により、勤勉手当(一律各社員1万円)を廃止する場合の手続きをみてみましょう。 勤勉手当を廃止するということは、すべての社員に対する不利益変更となります。

①労働組合がない場合

　労働組合がない場合は、まず社員全員を集めて説明会を開きます。なぜ勤勉手当を廃止する必要があるのか、どのくらい業績が悪いのか、勤勉手当を廃止することでどの程度業績に影響があるのかなどを説明します。

　次に社員と個別面談をして、勤勉手当を削減することに同意してもらえるのであれば、同意文書をとります。

　この点に関しては、従業員代表が賛成すれば、就業規則の不利益変

更ができると誤解されている方が多いところなのですが、それは誤りです。

　従業員代表は労働基準法の手続きのために選出されているに過ぎないので、従業員代表が賛成しても、不利益変更が有効になるとは限りません。

　あくまでも不利益変更が有効となるには「労働者の個別の同意」が必要です。労働契約法第8条は「労働者及び使用者は、その合意により、労働契約の内容である労働条件を変更することができる」と定めており、従業員代表が賛成すればよいなどとはどこにも書いてありません。

　「同意文書が取れなかったら困るではないか」とよく質問されることがありますが、同意文書が取れない従業員が多数いると予想される場合は、そもそも提案内容が正しいのか再検討する必要があります。訴訟などで争われた際には、会社が負ける可能性が高まるからです。

　一方、従業員の反対が多くても、やらなければならない不利益変更の場合は、不利益変更が合理的であるための努力を行ないます。社員の同意がなくとも、就業規則の不利益変更が合理的であると判断される可能性はあります。

　たとえば、倒産必至の状況で、従業員が同意しないからといって、全く賃金削減ができないというのはあまりにもおかしな話です。このような場合は従業員が同意しなくとも、話し合いを尽くすなどして努力すれば不利益変更の合理性は肯定される可能性があります。

　あとは、従業員代表を選出する、労働基準監督署に提出するなどであ

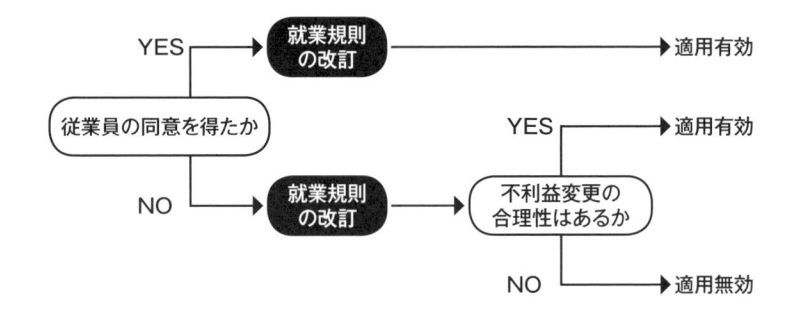

り、手続きは同じです。

②労働組合がある場合

労働組合がある場合は、その労働組合を通じて交渉を進めることになりますが、従業員全員が加入しているとは限らないので、「組合員」と「非組合員」両者への対応が必要となります。

まずは労働組合に対して、就業規則の変更案を提示します。ただし、社内で差別が起きないように、説明会は従業員全員を集めて行なってください。

労働組合と交渉して合意に至れば、労働協約を結びます。そして、労働協約の内容どおりに就業規則を改訂します。合意に至らなかった場合は、前項の組合がない場合と同じく、不利益変更の合理性についての再検討が必要となります。合理性があると判断した場合のみ、就業規則の不利益変更を実施します。

組合員について

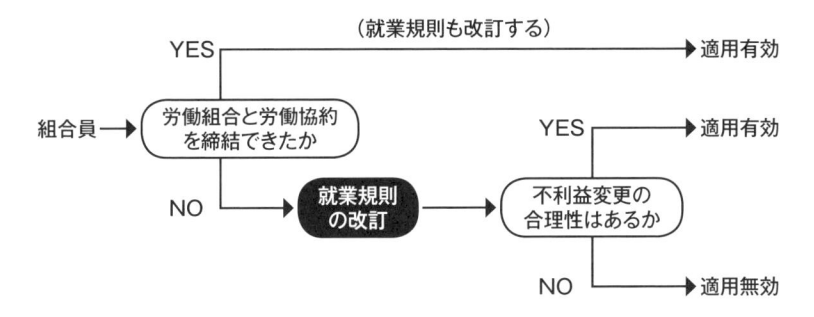

一方、労働組合があっても加入していない従業員がいる場合は、組合がない場合と同様に、非組合員と個別に面談を行なって同意書を取る必要があります。そのうえで、就業規則を改訂し、不利益変更を実施します。

※ p278、279、280の図表は、『労働条件の変更』（中央経済社　中町誠　著）をもとに筆者が作成したものです。

　なお、従業員の4分の3以上が加入する労働組合と労働協約を締結した場合は、非組合員にもその労働協約が拡張して適用されることになります。

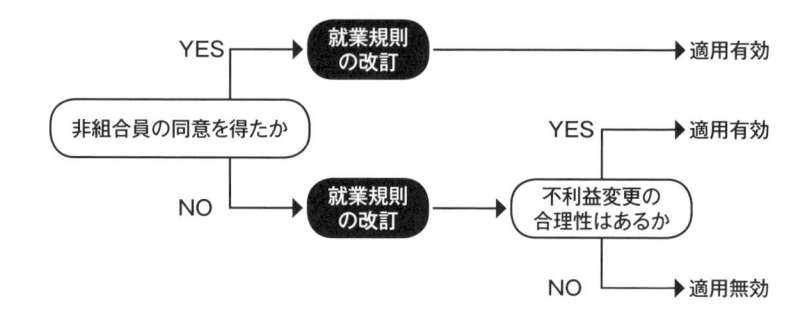

もしも弁護士名義の
内容証明が届いたら

　弁護士の内容証明郵便が届いた経験をお持ちの方はわかると思いますが、弁護士の内容証明の文面は、ともするときつい表現になります。1週間後に金銭を振り込めなどと記載されていれば、話合いの余地はないと感じるかもしれません。

　しかし、実際にすぐに訴訟を起こすのであれば、わざわざ内容証明は送りません。話合いの余地があるからこそ、内容証明郵便を出していると考えてください。

　したがって、内容証明郵便が届いたら、それを放置するのは得策ではありません。弁護士と連絡を取って、面談の機会を持つべきです。

　そして連絡が取れたならば、先方の弁護士は意外と率直に要求内容を伝えてくるでしょう。それを受け入れられないのであれば、交渉を打ち切れば良いですし、交渉の余地があれば交渉を続けることができます。

　また、弁護士から内容証明郵便が届いて、そのまま何も起きずに終わることも少ないといえます。内容証明郵便を出すということは、その後の訴訟も含めて引き受けるのが通常です。内容証明郵便が届いて、何もせずに放置することだけは避けるべきです。

　率直に言えば、労働事件は使用者側に分が悪いことが多いため、勝ち目のない解雇事件などは、早期に退職を前提にした金銭和解をするべきだと思います。

さくいん

向井 蘭 （むかい らん）

1975年山形県生まれ。東北大学法学部卒業。2003年に弁護士登録。現在、杜若経営法律事務所所属。経営法曹会議会員。企業法務を専門とし、解雇、雇止め、未払い残業代、団体交渉、労災など、使用者側の労働事件を数多く取り扱う。企業法務担当者向けの労働問題に関するセミナー講師を務めるほか、『企業実務』（日本実業出版社）、『ビジネスガイド』（日本法令）、『労政時報』（労務行政研究所）など数多くの労働関連紙誌に寄稿。共著に『時間外労働と、残業代請求をめぐる諸問題』（経営書院）、単著に『社長は労働法をこう使え!』（ダイヤモンド社）、『会社は合同労組・ユニオンとこう闘え!』（日本法令）、『書式と就業規則はこう使え!』（労働調査会出版局）などがある。

事務所HP：http://www.labor-management.net/
Facebook：https://www.facebook.com/ran.mukai1

人事・労務担当者のための
最新版 労働法のしくみと仕事がわかる本

2012年2月1日	初 版 発 行
2019年3月20日	最新2版発行
2019年5月1日	第 2 刷 発 行

著 者　向井 蘭　©R.Mukai 2019
発行者　吉田啓二

発行所　株式会社 **日本実業出版社**　東京都新宿区市谷本村町3-29 〒162-0845
　　　　　　　　　　　　　　　　大阪市北区西天満6-8-1 〒530-0047

　　　　編集部 ☎03-3268-5651
　　　　営業部 ☎03-3268-5161　　振 替 00170-1-25349
　　　　　　　　　　　　　　　　https://www.njg.co.jp/

印 刷／壮 光 舎　　製 本／共 栄 社

ISBN 978-4-534-05674-0　Printed in JAPAN

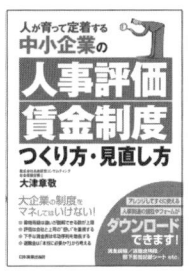